黙示録の7つの教会への手紙

山敏彦［著］

いのちのことば社

序文

キリスト・イエスよりの牧会書簡――ヨハネの黙示録第二章、第三章の七つの教会への手紙は、まさに復活の主から送られた、地上にあって戦いの中にある教会への牧会書簡として読み解くのがふさわしいと思います。

「あなたが見たことを巻物に記して、七つの教会、すなわち、エペソ、スミルナ、ペルガモン、ティアティラ、サルディス、フィラデルフィア、ラオディキアに送りなさい」（一・一一）とヨハネに命じるのは、復活の主イエスです。とはいえ、ヨハネの前に現れたのは、「その燭台の真ん中に、人の子のような方が見えた。その方は、足まで垂れた衣をまとい、胸に金の帯を締めていた。その頭と髪は白い羊毛のように、また雪のように白く、その目は燃える炎のようであった」（一・一三～一四、傍点筆者）と、栄光のお姿の主イエスです。

その栄光のお姿をさらに、「その足は、炉で精錬された、光り輝く真鍮のようで、その声は大水のとどろきのようであった。また、右手に七つの星を持ち、口から鋭い両刃の剣が出ていて、顔は強く照り輝く太陽のようであった」（一・一五〜一六、傍点筆者）とヨハネは記します。この描写は、ヨハネの黙示録に特有の黙示文学的な手法によるものです。「この方を見たとき、私は死んだ者のようになじみのない私たちを驚かせ、戸惑わせます。に、その足もとに倒れ込んだ」（一・一七）とヨハネはその時の出来事を覚えています。これらの出来事はヨハネ自身の実体験であり、七つの燭台や七つの星を見たということなどは、いわゆる幻を通しての特別啓示にあずかっている体験として理解できます。

このようなヨハネの体験は、御霊のお働きによるものであり（一・一〇、四・二参照）、「恐れることはない。わたしは初めであり、終わりであり、生きている者である」（一・一七〜一八、二二・一三参照）と告げられるキリスト・イエスの特別な取り扱いによるものです。

通常の書物や書簡なら、聖書の他の書も含めて、執筆者自身がその内容や執筆時や執筆先を選び、執筆作業に取り組めますが、ヨハネの黙示録は特別です。その内容と時と執筆相手を定めたのは、主イエスご自身です。執筆先は小アジアの七つの教会です。時は、「私ヨハネは、あなたがたの兄弟で、あなたがたとともにイエスにある苦難と御国と忍耐にあずかっている者であり、神のことばとイエスの証しのゆえに、パトモスという島にいた」（一・九、傍点筆者）との記述から、十二使徒の一人であったヨハネの晩年、ドミティアヌス帝によるキリスト教会迫害のころと推測されます。ドミティアヌスの治世は、紀元八一年から九六年ですが、その中でも後半の九〇年代と考えられます。

パトモス島
（ヘンリー・H・ハーレイ『新聖書ハンドブック』より）

　内容については、「あなたが見たこと、今あること、この後起ころうとしていることを書き記せ」（一・一九）とあります。この「今あること」に大きく関わるのが、小アジアで信仰の戦いの最中にあった七つの教会の現状です。個々の教会に特有の問題があり、それぞれの教会に対するキリストのお姿と名乗りはまさに七様です。それぞれの教会に語られることばは、教会を愛する牧会者のそれであり、最後に与えられる約束は、それぞれの教会をご自身のみもとにまで導くための最適にして最高のものです。そのようなキリストのお姿に、教会の大牧者であるお方のご慈愛と恵みあふれるお取り扱いを見ることができるでしょう。七つの教会への手紙を牧会書簡として味わえる所以《ゆえん》がここにあるのです。

これらの七つの教会を巡るおよその道のりは、エペソ~九四キロメートル~スミルナ~八七キロメートル~ペルガモン~八五キロメートル~ティアティラ~六二キロメートル~サルディス~五六キロメートル~フィラデルフィア~九五キロメートル~ラオディキア~一六三キロメートル~エペソ(原口貞吉著『福音を伝えた道』ナザレ企画、六九頁)です。小アジアの大環状道路ですが、七つの教会への手紙を通して、これらの教会を愛されるキリストの思いに添えて、ヨハネ自身の教会への思いが、「今おられ、昔おられ、やがて来られる方から、また、その御座の前におられる七つの御霊から、また、確かな証人、死者の中から最初に生まれた方、地の王たちの支配者であるイエス・キリストから、恵みと平安があなたがたにあるように」(一・四~五)と、届けられていった道です。

目次

7つの教会

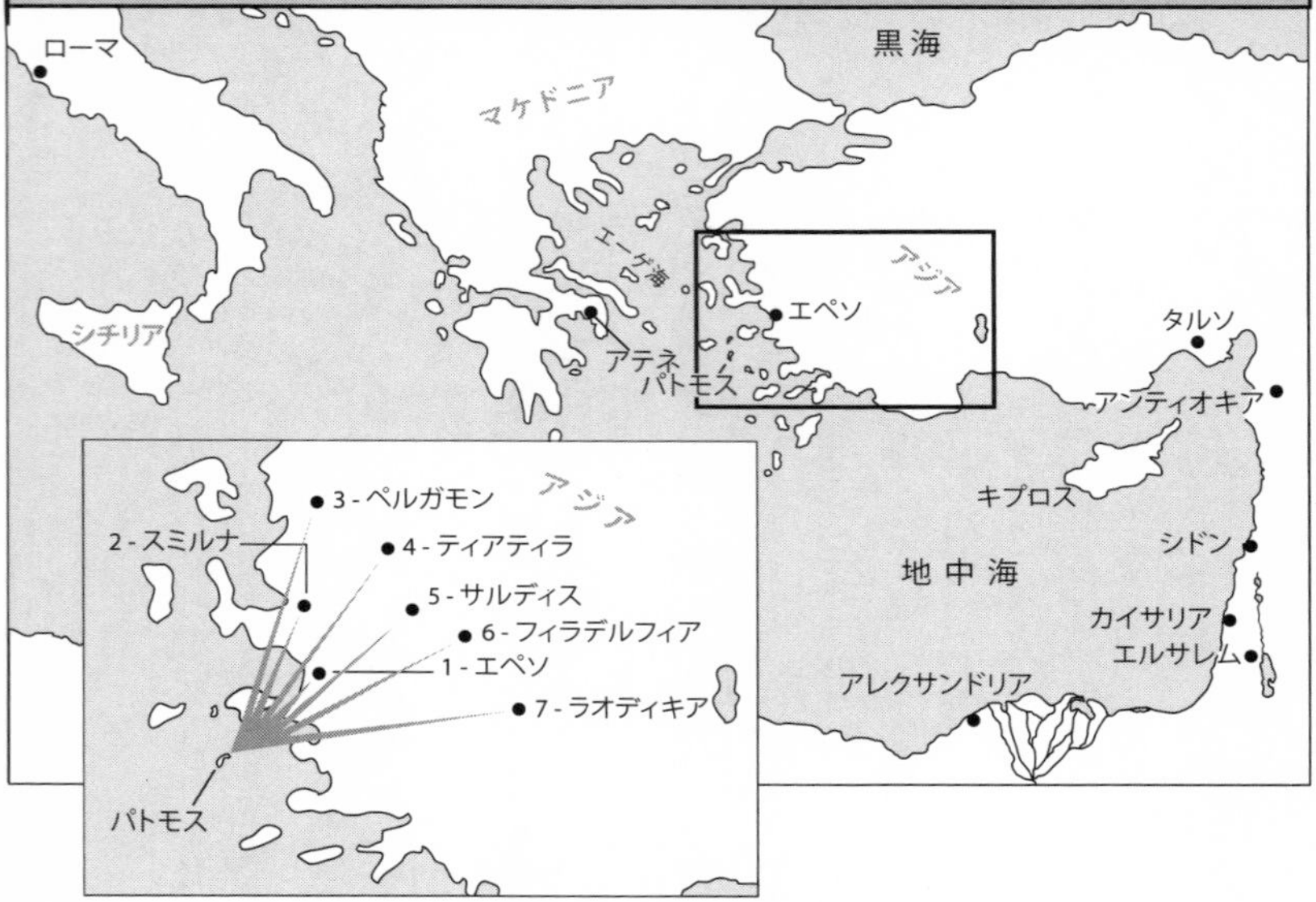

（ヘンリー・H・ハーレイ『新聖書ハンドブック』より）

1　エペソの教会への手紙

「エペソにある教会の御使いに書き送れ。『右手に七つの星を握る方、七つの金の燭台の間を歩く方が、こう言われる――。

わたしは、あなたの行い、あなたの労苦と忍耐を知っている。また、あなたが悪者たちに我慢がならず、使徒と自称しているが実はそうでない者たちを試して、彼らを偽り者だと見抜いたことも知っている。あなたはよく忍耐して、わたしの名のために耐え忍び、疲れ果てなかった。けれども、あなたには責めるべきことがある。あなたは初めの愛から離れてしまった。だから、どこから落ちたのか思い起こし、悔い改めて初めの行いをしなさい。そうせず、悔い改めないなら、わたしはあなたのところに行って、あなたの燭台をその場所から取り除く。しかし、あなたにはこのことがある。あなたはニコライ派の人々の行いを憎んでいる。わたしもそれを憎んでいる。耳のある者は、御霊が諸教会に告げることを聞きなさい。勝利を得る者には、わたしはいのちの木から食べることを許す。それは神のパラダイスにある』」（二・一〜七）。

「右手に七つの星を握る方、七つの金の燭台の間を歩く方」

エペソの教会に向けてのキリストの手紙です。それも、黙示録の七つの一つ一つの教会に対して、イエス様の姿は全部違います。エペソ向けには、「右手に七つの星を握る方、七つの金の燭台の間を歩く方」として登場します。一つ一つにイエス様が姿を変えて臨まれるとすれば、この姿自身に教会向けのメッセージが込められていたことになります。ところが、「七つの星」はいったい何なのか、「七つの金の燭台の間を歩く」とは、いったいどういうことなのか、との黙示録特有の謎に、あるいはまさに黙示文学独特のわかりにくさに戸惑い始めます。しかし黙示というと謎解きみたいに聞こえますが、むしろこれは「明らかにされた」という意味でした。それまで隠されていたことが啓示される。それ自体が黙示でした。ただその表し方が特別なのであって、ヒントを与えてもらうと、すぐにわかり始めるのです。

この七つの星、七つの金の燭台については、説明がすぐ前に与えられていました。一章二〇節です。「あなたがわたしの右手に見た七つの星と、七つの金の燭台の、秘められた意味について。七つの星は七つの教会の御使いたち、七つの燭台は七つの教会である」と説明がついています。星は御使い、燭台は教会と説明が与えられるなら、それをイエス様が手に持っているということで、イメージがだいたいわかってきます。

ただちょっと困るのは、御使いと聞くと、天使たちのことなのかという思いにいくらか限定されてしまうことです。使いに「御《み》」というのがつくと、神の御使い、天使という意味にとられるからです。けれども、もともとこの「御使い」の「御」という語は原文にはありません。ただ「使い」ということばがあるだけです。ですから、「使わされた者」という意味なのであって、必ずしも天使のこととはならないのです。いや、どうも天使と考えると、具合が悪そうです。天使宛てに手紙が送られ、天使がエペソの教会の代表者として、それを受け取っているかのように見えます。けれども、教会ごとに代表者となる天使がいるという話は、聖書にはほかに出てきません。天使が教会を治めているはずもありません。手紙を受け取って、その指示に従って教会を指導するという立場に天使があるということもありません。とすれば、やはりこれは「御使い」というよりも「教会の使い」、そこに遣わされている者たちととらえたほうが良さそうです。それで、この「御使い」という語は、むしろ、教会を治める役目を担っている一人ひとりのこと、いわば牧師や長老などの指導者のことと読むのが適切でしょう。手紙が宛てられたのは、教会のリーダーたち、責任者たちなのです。

その七つの星、つまり教会のリーダーたちと、七つの金の燭台、つまり教会そのもののイメージが、ここでエペソ向けに語られています。そうすると、イエス様のこのお姿はとても具体的になります。エペソの教会は、アジア州、その地方で第一の教会でした。ずいぶん初期の段階で、この教会は伝道によって生まれました。パウロが三年ほどじっくりと腰を落ち着けて伝道したのがエペソの町でした。紀元五五年ごろに立てられた教会ですから、この手紙が宛てられたころは、それから四十年ほど経っています。四十年の歴史がある教会、それだけ地上の歩みを、あるいは信仰の歩みを戦ってきた教会でした。そのエペソの教会に向けて、イエス様はこのように、ご自分のお姿を描かれたのです。

右の手にしっかりと七つの星を握っている。力ある右の手が教会の指導者たちを握っている。主の手に握られているその一つがエペソの教会の指導者でした。こう見ると、教会が四十年も立ち続けてきたのは、キリストのこの右の手がしっかりと指導者たちを握っていてくださったからということに繋がります。そして、「七つの燭台の間を歩く方」とあり、その燭台が教会でした。光を放つその燭台の間を、イエス様が一つ一つをご覧になりながら、歩いて回っておられます。身を屈めて、燭台の具合をよく調べ、炎が小さければ、それを調整するという具合に歩いて回られるイエス様。こうなると、七つの星を握るお方、七つの教会の間をお世話しながら、配慮しながら回って歩かれるイエス様の姿となり、この主がおられて教会一つ一つが守られていたと、メッセージを読み取ることができるでしょう。

七つの教会ともそうでした。大きなエペソの教会だけでなくて、小さな教会も主によって立てられていました。大きな群れも小さな群れも、その指導者は主の御手に握られ、大きな群れも小さな群れも、主が一つ一つを見て回り、チェックしておられます。羊飼いがちょうど自分の囲いの中にいる羊を一匹一匹大切に取り扱うように、教会もまた主のご配慮の中に守られていました。大きなエペソの教会も自分の力で立ち続けてきたのではありません。主がご配慮くださって、主が手をかけてくださって、見守ってくださっていたのです。この主のお姿に私たちは感謝と信頼を学び取るべきなのでしょう。

アジアの七つの教会だけでなく、私たちの今日の群れも状況は同じです。暗い闇夜にあって光を

エペソの図書館跡

適切に放っているかどうか、その群れを導く者を主は力強い右の御手をもって握りしめ、倒れることのないようにと支えてくださっています。

一番初めのエペソの教会。一番大きいと見られたこの群れ。それも主のお支えがあってのものです。四十年もの歩みを続けたその群れ。しかし、その最初の小さな一歩から、キリストがこのように巡り歩いて、のぞき込んで、小さな群れの一人ひとりの、弱い生まれたばかりの信仰からこの日に至るまで、このお方が守っていてくださいました。その歩みを見届けてこられたことに気づくのです。エペソの教会は、優しく愛し、心配し、親身になって支えてくださるそんなお方から真っ先に手紙を受け取ることになります。それは、一つ一つをのぞき込むように、長い年月配慮してこられた方からの手紙でした。

さて、その内容はどうでしょうか。

「わたしは知っている」

二節で、「わたしは、あなたの行い、あなたの労苦と忍耐を知っている。また、あなたが悪者たちに我慢がならず、使徒と自称しているが実はそうでない者たちを試して、彼らを偽り者だと見抜いたことも知っている」と主は言われます。「わたしは知っているよ」と切り出されます。「わたしは知っているよ。」この一言をどんな気持ちで受けとめますか。「わたしは知っているよ」と、だれかが突然あなたの耳に、小さくささやきかけたら、そして、「知っているよ。隠れたことも、密かな事柄も知っていますよ」と言われたら。ハッとして、知られていたのか……そんな反応も出てきそうです。何を知られていようと平気などと言える人はおそらく少ないでしょう。

「知っている。」それも表だけでなく人間の心のひだまでのぞかれるお方のことばです。隠しおおせることはこのお方の前には何一つありません。人間の心の奥の奥まで、密かな思いまでのぞいて知っておられるお方です。「知っている。わたしはあなたのことをみんな知っているよ。」これを嬉しいことばと受けとめますか。一瞬恐ろしいと思いますか。

エペソの教会の一人ひとりは、「知っているよ」と言われて、どう感じたでしょう。主はその内容をはっきりと告げられます。「あなたの行いを知っている。あなたの労苦も知っている。あなたの忍耐も知っているよ」と。

地上の一つ一つの教会を巡り歩かれるイエス様の姿で始まりました。教会をしっかりと見ておられるキリストの姿が現実となって迫ってくるこの一言です。イエス様は知っている。たとえ人々が気づかなくても、イエス様だけは全部知っていてくださる。人が無視しようと、主はちゃんと覚えていてくださる。「行いを……労苦を……忍耐を」と言われると、知っていてくださったことがとても嬉しくなるでしょう。労苦と忍耐を主が見ていてくださったのです。教会はまさに苦難の中をくぐろうとしていた時代でした。一世紀末のこと、迫害の火の手が上がり始めます。ローマ帝国は本腰を入れてキリスト教を抹殺しようとする時代でした。

この世は、教会の労苦など、教会の忍耐など、全く気にもかけていませんでした。少し前のころですが、近くのポントスとビティニアのローマ人の総督プリニウスが、クリスチャンたちに対してこのように書き送っていました。「この迷信の悪影響は、都市においてばかりか、小さな町々にも、郊外にまでも及んでいる」と。クリスチャンの信仰など、人々の目には〝迷信〟としか映りませんでした。いかに命をかけて信仰を守り戦っていても、世の人たちからしたら、迷信を信じる人たちでしかなかったのです。彼らの影響ときたら、〝悪影響〟でしかない、惑わしでしかない、とされています。真剣な生き方も労苦も忍耐も、世の人々は笑い飛ばしていたのです。

キリストおひとりがこれをご覧になって、その労苦と忍耐を「わたしは知っていますよ」と言ってくださいます。私たちの悩みや戦いをしっかり見届けておられるお方がそば近くにおられたのでした。主がご覧になっていることです。人間の評価ではありません。キリストの評価です。主が「わたしは知っていますよ。あなたの労苦もあなたの忍耐も」と言ってくださっています。人間の目なら欺かれることもあるでしょう。けれども、主の評価でした。疑ってかかる必要がないし、やたらに「いえいえ、とんでもない」などと、要らぬ謙遜も余計なことです。主が言われるのですから、そのまま喜んでよいエペソの教会でした。「あなたの行いも労苦も忍耐も知っていますよ」と言われて、エペソの一人ひとりは胸を張って、これを主からのほめことば、誉れとしてそのまま受けとめてよいのでした。

なかなかの教会です。行いに、労苦に、忍耐に、と行動面ではしっかりしています。けれども、行動面でしっかりしているものが、ときには知的な面で弱かったりするものです。しかしエペソの教会は行動ばかりでなく知的な面でもなかなかのものでした。この二節の後半では、「あなたが悪者たちに我慢がならず、使徒と自称しているが実はそうでない者たちを試して、彼らを偽り者だと見抜いたことも知っている」と主はおっしゃいます。偽物を見抜いた、この識別力。悪い者たちを見届ける、この判断力。見事に研ぎ澄まされていました。幸いです。「蛇のごとく聡くあれ。鳩のごとく従順であれ」（マタイ一〇・一六参照）と言われても、だまされてばかりのお人好しが立派とはなりません。見抜くべきものはしっかり見抜くエペソの教会。両面揃ってとはいかないのが普通なのに、なかなかのものです。

しかも、「我慢することができなかったね」と主は言っておられます。エペソの人々の心の動きまで確かに見ていてくださいました。「我慢がならず」と。我慢できないことも事と次第によってほめられもすれば、欠点にもなります。彼らは我慢できなかった。偽使徒に対しては我慢できなかった。これは良かったのです。やたらと我慢していたら、いけなかったのです。偽の使徒たちを我慢して、寛容にいつまでも受け入れ続けているなどということはほめられた話ではありません。それこそ弱腰と怒られるものですし、キリストの福音を委ねられていながら、偽使徒を放っておくとしたら責任放棄ともなるべきものです。敵にくみすることなく、偽使徒たちを我慢することができなかった。なかなか立派です。真理を愛していたのですから、キリストの福音が曲げられるのを見ては、とても我慢できなかったのです。

そういえば、この点は、エペソの教会で三年ほど労苦したあのパウロ、まさに生みの親パウロの信仰をそのまま受け継いでいました。パウロもまた偽の教えなどには我慢できない人でした。ガラテヤの教会に向かって、その中の偽教師に向かって彼は叫んでいます。「汝らの受けし所に背きたる福音を宣伝《のべつた》ふる者あらば詛《のろ》はるべし」(ガラテヤ一・九、文語訳)と。福音を水増しした偽の福音を語る者がいるなら呪われよ、と宣言したパウロです。そんなパウロ先生の生き方を、信仰の姿勢をエペソの教会はしっかりと受け継いでいました。偽の使徒たちを試して、偽りを見抜いたことをわたしは知っている、と主はおっしゃいます。使徒と自称していた者たちのことです。もちろん、キリストの十二使徒たちはもうほとんど亡くなっていました。生き残っていたのはヨハネ一人くらいです。ですから、広い意味での使徒で、キリストに遣わされた者、と彼らは自分たちのことを推薦し、そう名乗っていたのでしょう。しかし実は、偽教師であり偽使徒だったのです。エペソの教会は見事にこれを見抜いて撃退しました。いや、エペソの教会の誉れではなく、むしろこの教会のリーダーたちをその右の手にしっかりと握っておられるキリスト、このお方の誉れでしょう。七つの星を握るお方、七つの燭台の間を歩まれるお方がキリストでした。エペソの教会を支えておられたのはキリストであり、そのお方のしもべとしてこの群れは見事に真理に仕えていたのです。

キリストの真理から外れずにいるこのような群れはお手本です。いや、このお手本となる群れを育ててくださった主に目を向けるべきでしょう。「わたしは知っているよ」と言うお方がおられる。教会の歩みを一つ一つ、その一人ひとりの歩みをご覧になっているお方がいる。私たちがどこでどんなふうに時を過ごしているか。聖日の午後、この場所でこんなかたちで時を過ごしている。自らの成長を願って。そんな一歩一歩の歩みを確かにご覧になっているお方がそばにいる。そのお方が私たちの歩みを一つ一つ見ておられる。主のためになされる私たちの行動なら、忍耐なら、そして労苦なら、コップ一杯の水を差し出すというそんな小さなわざに至るまで、じっとご覧になって、「確かにわたしはあなたの行いを知っているよ」と言うお方がおられる。いや、そんな主の目にさらされたら罪がいっぱいの私なのではないかと思いますが、その罪はあの十字架の血潮によって赦してくださっているのです。「もう思い起こさない」とこれをきよめてくださっているお方です。

そしてもう一方で、私たちの手のわざも、私たちの心の中の思いも、良いものならば一つ一つ数え上げて、「あなたがたの行いをわたしは知っている」と言ってくださいます。良きわざにますます励むことにも確かな報いがあることを教える主のお取り扱いでしょう。

「わたしの名のために耐え忍び、疲れたことがなかった」

主の励ましは、三節にさらに続きます。「あなたはよく忍耐して、わたしの名のために耐え忍び、疲れたことがなかった」とおっしゃいます。これを聞いて一番嬉しかったのは、当のヨハネ自身だったかもしれません。エペソの教会のこれまでの歩みが認められているからです。そのエペソの教会の牧師がヨハネ、この黙示録を書き留めているヨハネ自身でした。彼は今、その信仰のゆえに島流しの刑に遭っていました。牧師が捕らえられて島流しになっています。エペソの教会の戦いの厳しさがわかります。けれども、彼らはそんななかでも耐え忍びました。「あなたはよく忍耐して、わたしの名のために耐え忍び、疲れ果てなかった」と言われます。これまでの歩みが無駄でなかった、としみじみと思ったことでしょう。

この時から二十年ほど後になりますが、イグナティオスというアンティオキアの監督がエペソの教会について惜しみない称賛のことばを残していました。「アジアのエペソなる賞讃すべき教会へ」と挨拶を送り、弟子仲間とエペソの教会を認じつつ、「私は信仰、すすめ、忍耐、寛容について、あなた方に膏を塗ってもらう（助力を仰ぐ）べきものなのです」と語ります。さらに、エペソの監督オネシモスの「あなた方はみな真理に従って生き、またあなた方の中にはどんな異端も住みついていない、また真理にあってイエス・キリストについて語る人にまさって、あなた方が耳を傾ける人もいない」との称賛のことばを書き添えています（荒井献編『使徒教父文書』講談社文芸文庫、一五九、一六一頁）。

見事なエペソの教会でした。黙示録のこの二章、イエス様がエペソに宛てて書いてくださった手紙がなかったら、これはちょっと誇張なのかもしれないと読めそうな賛辞でした。けれども、エペソの実際がそうだったのです。この時も昔も、そして昔からこの時に至るまでずっとそうなのです。主はおっしゃいます。「今なおあなたはよく忍耐している」と。今の忍耐です。そして過去を振り返ってみれば、「わたしの名のために耐え忍んできた」と言ってくださっています。そして、その初めから今日に至るまで、ずっと疲れたことがなかったと言ってくださいます。見事です。あっぱれと賛辞を送りたいエペソの教会です。

いや、それも、エペソの教会は偶像礼拝の真っただ中に置かれていたのです。エペソの町といえば大女神アルテミスとなります。アルテミスといえばエペソとなります。そのエペソの名は、アルテミスという女神のゆえに世界中に知れわたっていました。そんななかで福音の宣教が始まっていたのです。エペソには、偶像礼拝の力を誇示するかのように巨大な神殿がそびえ立っていました。アルテミスの神殿は、縦が一〇〇メートル、横が三〇メートル、高さが一五メートルと、諸国の王たちが献上した大理石の柱がなんと百二十七本も連なり並べられていたといいます。異様な偶像、闇の力があからさまに見えるエペソの町です。人口三十万人。そして二万五千人は入るといわれるコロセウムをもつ大都会です。

エペソのアルテミス神殿に再建された１本の柱

しかしこの女神アルテミスの神殿こそ、不品行と不道徳の温床となっていました。神殿には男娼や娼婦たち、いや巫女たちの夜の姿がそれでした。エペソ生まれのヘラクレイトス（紀元前五四〇年ごろ〜紀元前四八〇年ごろ）という人は、その恐るべき不潔を嘆いて、一生涯笑顔を見せず、「涙が絶えることがなかった」と伝えられています。

パウロが伝道したときも、銀細工人のデメテリオがさっそく人々を煽動して反対に立ち上がりました（使徒一九・二四〜四〇）。けれども、全部で銀貨五万枚もの価値のある多数の魔術の本を焼き払って信仰に入る人々が出てきたのも、このエペソの町でした（同一九節）。最初から戦いがありました。そう、最初の忍耐の日々から今日に至るまで、ずっと疲れることなく教会はキリストの名のために戦ってきたのです。私たちのこの異教国日本と少しも変わりません。パウロはこのエペソの出来事を思い起こして、コリント人への手紙第一、一五章三二節で、ただ一言こう言います。「エペソで獣と戦った」と。文字どおりコロセウムで野獣と戦ったのではないでしょう。キリスト教徒を握りつぶそうとする権力としての強大な獣と戦ったのでしょう。

苦難の中で耐え忍び、疲れたことのない教会。そうです、燭台の間を歩まれるキリストがおられる。燭台の炎が消えることがないようにと支えてくださるお方がおられました。主の支えのもとで、教会はキリストの御名のために耐え忍び、戦いを続けてきました。これは嬉しいことです。

　それと、ちょっとばかりここにことば遊びがあります。この「耐え忍ぶ」には、すぐ前の二節の「我慢」と同じことばが使われています。こちらでは耐え忍ぶことができた。二節のほうでは我慢できなかった、ということです。我慢も事と次第。我慢できなくて良いこともあれば、我慢できなければいけないこともあります。エペソの教会はこれを見事に判断していました。キリストの御名のためには、どこまでも彼らは我慢できたのです。エペソの教会の一人ひとりが御名のためなら我慢しようと歩みを共にしていました。でも、我慢できないことがありました。悪い者たちには我慢できませんでした。使徒と自称しているが実はそうではない偽の使徒たちにも我慢できませんでした。模範的なエペソの教会の姿です。人間はなかなかこうはできないものです。

　何のためなら我慢できますか。自分のためなら、いくらでも我慢できた。遊ぶことでも、雨の日だろうが、疲れていようが、自分のことなら、かなり我慢できた。いや、無理までできた。礼拝や祈禱会や教会のことでは、どうだったでしょうか。

　ところが、我慢のしどころがいつのまにか変わっていました。イエス様のために我慢しようという思いが心の中にいつしか与えられました。自分のことは二番目にしようというそんな気持ちも与えられました。御名のために我慢します。人々には笑われたでしょう。

人々には「そんなことで一所懸命になるなんて、おかしい」と言われるでしょう。けれども、御名のために我慢しよう。イエス様のために我慢しよう。そんな思いにいつのまにか変えられています。

エペソの群れほど戦いは激しくなくても、イエス様を信じて歩み始めてから、いつのまにか主のためには我慢しようという思いが与えられていたことに気づきます。いや、それもまた、私たちをご自分の「からだ」として育ててあげてくださる主のご配慮のゆえであると、主に感謝する一つに数えあげたいと思うのです。

「初めの愛から離れてしまった」

労苦に忍耐、それに偽物を見破るという真理の戦いにおいても、実に手堅く見えたエペソの教会です。完全だとさえ見えた教会でした。それでも、このエペソの教会に落ち度がありました。キリストは、人々の目に隠されていた「一大欠点」を指摘されます。もちろん、彼らの行動ではありません。行いなら非の打ち所がありませんでした。彼らの知的な面でもありません。真理の戦いにおいても見事でした。けれども、本人がいつしか気づかずに失っていたものがありました。四節です。主は言われます。「しかし、あなたには責めるべきことがある。あなたは初めの愛から離れてしまった」と。

「愛」という点に×が一個だけ付きました。イエス様の評価書に、〇がたくさん付いてきたエペソの教会です。そんななかで、今一個だけ、愛という項目だけに×が付きました。一個だけなら、いや、でもこの一個が、「一個だけなら」ではすまなかったのです。確かに、知性が欠けても行動が抜けても教会としては不十分です。忍耐がなかったら、困るでしょう。キリストのために耐えていこうという戦いの姿勢がなかったら、あっという間に潰れてしまうでしょう。でも、その忍耐があっても、偽物を見抜く知恵が伴っていても、それをご覧になるイエス様は、「それでいいよ」とは言われませんでした。愛がそこに伴うべきこと、今さら、愛が欠けていることを言われるエペソの教会は、まさに不覚を取ったということになるでしょう。

しかも、この四節と五節、これを語るキリストの口振りはことのほか厳しいものです。「あなたには責めるべきことがある」とおっしゃいます。責めるべきことがあるのです。この後の一四節のペルガモンの教会もイエス様に叱られています。一四節で「あなたには少しばかり非難すべきことがある」と。「少しばかり」、「小さなことだけれども」と。しかし、エペソの教会向けには、そんな飾りことばはありません。ずばりです。責めるべきことがある、と。小さなことではありませんでした。五節を読めば、その深刻さがまるまる伝わってきます。「だから、どこから落ちたのか思い起こし、悔い改めて初めの行いをしなさい。そうせず、悔い改めないなら、わたしはあなたのところに行って、あなたの燭台をその場所から取り除く」と厳しく言われます。

愛のないエペソの教会とはいったい何だったのか、と考えさせられます。行動力が伴っているし、教えや教理の面でも十二分に恵まれていました。行いに教え、鬼に金棒と思われたのに、愛がないと聞いた途端、エペソの教会の勢いはがらっと変わります。張り子の虎とはよく言ったものです。キリストの教会のあるべき姿を教えられます。

愛がなければすべてのわざは空しい、と言われて、大ショックのエペソの教会でしょう。いや、ショックを受けていればいいのです。彼らはどこから落ちてしまったのでしょうか。「初めの愛から離れてしまった」と言われるのです。キリストが診断する「エペソ病」とは愛の欠如でした。いったいどんな病気なのでしょうか。教会員同士が愛を失ってしまったのでしょうか。キリスト、神様への愛を失ってしまったのでしょうか。注解者たちはどっちこっちとうるさく言いますが、両方でしょう。

「目に見える兄弟を愛していない者に、目に見えない神を愛することはできません」とヨハネの手紙第一、四章二〇節にありました。兄弟姉妹を愛することはできないけれども、神様は一所懸命愛しています、とはならないのです。「生んでくださった方を愛する者はみな、その方から生まれた者も愛します」と同じヨハネの手紙第一、五章一節にもありました。神様を愛するなら、その方から生まれた兄弟姉妹も同じように愛する、と。そう見たら、この愛は兄弟愛なのか神への愛なのかなどという議論など必要はありません。エペソの教会が問われていたのは、両方なのでしょう。

けれども、初めはもっていたのに、なぜなのかと気になります。たぶんに推測ですが、彼らの戦いに間接的な原因があったのでしょう。彼らは悪い者たちを見事に見抜きました。立派です。その熱心は、教理に対して、教えに対して、主の真理に対してたぶんに口やかましいほどの厳格主義となり、ある意味では教会の中で大きな用心深さ、警戒心、疑いとなっていったのかもしれません。偽使徒を見抜いた判断力は見事です。でも、「あの人も心配よ」とそんな声がささやかれることになったとしたら、教会員同士の信頼は消えてしまうでしょう。「疑惑を抱きながら生活するよりは、百回もだまされたほうがましである」とはスポルジョンのことばでした（『牧会入門』いのちのことば社、三五六頁）。だまされまいとして、もしかすると、愛と信頼を失っていったのかもしれません。

愛することは、聖霊の結ぶ実としても真っ先に数え上げられるものでした。教会のしるしとして、とても大切なものでした。主イエスがこう教えておられます。「互いの間に愛があるなら、それによって、あなたがたがわたしの弟子であることを、すべての人が認めるようになります」（ヨハネ一三・三五）。兄弟姉妹の中に愛があるなら、イエス様の弟子であるとすべての人が認める、それがキリストの弟子のしるしです。他の点で、どんなに一所懸命で苦闘し勇敢であっても、愛というしるしを失ったら、キリストの弟子というしるしを失ったことになります。熱心さも、勇敢さも、真理の闘いの勤勉さも、愛が見失われたら、キリストの弟子としての働きでなくなってしまいます。愛は、真っ先に注意深く保ち続けるべきものでした。いつのまにかそれを失っていたエペソの教会でした。

初めの愛から離れてしまったことは、行いにも大きな違いをもたらしていました。五節に「だから、どこから落ちたのか思い起こし、悔い改めて初めの行いをしなさい」とあります。初めの愛から離れてしまったエペソの教会は、「初めの行い」からも離れてしまっていたのです。事は重大です。イエス様はエペソの教会をご覧になって、「今なお、あなたがたの行いと労苦と、忍耐を私は知っている」と言ってくださいました。行いはずっとずっと続いてきています。ところが、ここで「初めの行いをしなさい」と聞いて、えっと思うことでしょう。「初めの愛」だけでなく、「初めの行い」も失ってきていたというのですから。愛から離れた教会のなすこと、行うことを、主は昔と同じであるとは見ておられませんでした。そして実際に、昔と同じではなかったのです。表向きは同じであっても、たとえすでに異なっているのです。

「たとえ私が預言の賜物を持ち、あらゆる奥義とあらゆる知識に通じていても、たとえ

エペソの大劇場跡。中央遠くの山には
パウロの牢獄があったとされる

山を動かすほどの完全な信仰を持っていても、愛がないなら、私は無に等しいのです」とはパウロのことばです。コリント人への手紙第一、一三章二節のことばです。愛がないなら何の値打ちもありません。コリント人への手紙第一はエペソの町で書かれたものです。このときパウロはじっくりと腰を落ち着けて、エペソの町で伝道に励んでいました。とすれば、エペソの教会の人々は、パウロからじかに愛についてのメッセージを受け取って、歩み始めていたことでしょう。「たとえ私が人の異言や御使いの異言で話しても、愛がなければ、騒がしいどらや、うるさいシンバルと同じです」（Ⅰコリント一三・一）という教えも、エペソの教会はパウロからじかに聞いていたことでしょう。神への賛美であるはずの異言も、騒がしいどらや、うるさいシンバルとまで言われています。うるさいシンバルなら、むしろそんなものはないほうがいいでしょう。愛から離れたエペソの教会、その活発な活動も、知性の豊かさも、神様の御前には、騒々しいどらや、うるさいシンバルでしかありませんでした。騒がしさだけとなるのです。

そしてパウロは、「たとえ私が持っている物のすべてを分け与えても、たとえ私のからだを引き渡して誇ることになっても、愛がなければ、何の役にも立ちません」（Ⅰコリント一三・三）と断言します。全財産を施しに使い尽くしても、行いとしての表向きの愛の行為が認められても、それでも、何の役にも立たないといいます。何十年、主のしもべとして、牧師として奉仕したところで、愛がなければ、役に立たないのです。何もなしで、主の御前に出ることになります。何もやってこなかったと見られてしまいます。いや、逆にどんな小さな奉仕の行いであっても、スリッパ一つ揃えて帰ることでも、そこに愛があるならば、愛なしで全財産を投げ出して貧しい者に仕えるよりも、はるかに尊いと見てくださるのです。

このエペソの教会を育てたのはパウロだけではありません。この黙示録を書き送るようにとキリストに言われて、今書き留めている老使徒ヨハネもまた、この教会に仕えていた牧師です。使徒ヨハネは愛の使徒と呼ばれるほどに、愛することを第一と教えていました。「神は、実に、そのひとり子をお与えになったほどに世を愛された」（ヨハネ三・一六）。エペソの教会もヨハネからじかにこのことを教えられ、喜びをもって応答し歩んでいたことでしょう。それなのに、今それがないと言われます。初めの愛から離れていると言われます。

愛が抜けた教会は、気の抜けたラムネどころか、たましいが抜けた身体のようなものです。すべてのわざが愛で味付けされていないとしたら、主の目には何の値打ちもないものとされるのです。

キリストの教えは愛することでした。神を、人を、です。キリスト教は、こうしなさい、ああしなさいというような宗教ではありません。これを信じなさい、あれを信じなさいという信じる宗教にとどまるものでもありません。二つを突き抜けて、愛する宗教です。そこにキリストの教えがあるのです。いや、主の弟子たちはそのことをしっかり教えられていました。十二弟子の中で最も目立ったペテロ、いわば行動派のペテロにイエス様は何を問うたでしょうか。「わたしを愛しているか」、「わたしを愛しているか」、「わたしを愛しているか」と三度確認を迫ったイエス様です（ヨハネ二〇・一五〜一七）。

「思い起こし、悔い改めなさい」

五節で、「どこから落ちたのか思い起こし、悔い改めて初めの行いをしなさい。そうせず、悔い改めないなら」と主は厳しくおことばを続けられます。知性も行動力も見事に備わっていた優等生級のエペソの教会は、悔い改めを迫られました。

振り返れば、確かめられます。どこから落ちたか。昔の記憶があります。愛の中にとどまっていました。愛する思いに動かされて行動していた昔の日々が思い出されます。いや、思い出される距離にあります。手遅れにならないうちに主が乗り出してこられました。思い出せないほどに、もう昔々の話にはなっていません。神の愛に触れて、キリストの十字架の愛を知って、感動して歩み出していました。人に仕え、神ご自身に仕えることを喜びとしていました。愛することがどんなことかもわかり出して歩み始めていました。記憶の中にしっかりと残っています。残っているうちに、主が乗り出してこられました。まだ間に合うからです。まずは、どこから落ちたかを思い出しなさい。そして、続けて悔い改めて初めの行いをしなさい、とおっしゃいます。

これが、だれにも当てはまる三つのステップなのでしょう。思い起こすこと。思い起こしたら、次に進む、悔い改めよ、と。悔い改めです。「悔いる」ではなくて、「改める」のほうに大切なポイントがあります。悔いただけでは、実際には何の変化も生じません。悔いるだけでは変わりません。「改めて」、すべてが一新されます。教会に「懺悔《ざんげ》」ということばが入ってきていますが、「懺」という字も、「悔」という字も、両方とも悔いるということばでした。でも「悔いる」だけではだめです。「改める」のです。再決心をする。そして、新たな思いをもって歩み出すのです。

エペソの群れは、初めの愛から離れてしまったことを指摘されました。気づきます。思い出してみて、現実のひどさに嘆きます。けれども、嘆いただけでは、教会は良い方向に向かって動き出しません。涙に加えて、決意が必要です。「悔い改めなさい」と主はおっしゃいます。「向きを変えて歩み出す決断をしなさい」と。向きが変わったら、そのように歩み出すことです。これはまずいと気がついて、振り返って目指すほうを見届けたら、歩み出すことです。愛することにおいても、歩み出すことです。

「初めの行いをしなさい」

思い起こしたら、悔い改めて、初めの行いをしなさい、と三番目に「初めの行いをしなさい」と主はおっしゃいます。愛を育てるのにどうしたらいいかを教えています。「行いをしなさい」なのです。忘れてしまった愛の豊かさを取り戻すために、どうしたらよいのでしょうか。昔を思い起こして、決意を新たにしたら、次の一歩、いや、最後は行動に移れということです。

愛するとはそもそも、論じ直すことではありません。狂おしいほどの感情をなんとかしてかき立てようということでもありません。教会が教会としての務めを、キリストのみこころをわきまえ、一歩一歩押し進めていくところに、愛が培われます。愛を論じて、愛について語り合って、それで愛を豊かに高めようというのではありません。愛という感情が心に湧き起こってくるのをじっと待って、必死に祈って待とうというのでもありません。間髪を入れずに行動に移しなさい、と言われているのです。思い起こしたら、悔い改めて、昔のような初めの行いをしなさい、というわけです。行いに、そのまま取り組めばよいのです。

彼らはそれを十二分にできるところに置かれていました。振り返れば確かめられるのです。落ちたところを確かめられます。愛の中にとどまっていた日々を思い起こせます。キリストの愛に触れて、キリストの十字架の御愛を知って、歩み出した教会の初期のスタートの姿でした。愛するということがどんなことかもわかり始めて、歩み出していました。それを取り戻して、さあ、初めの行いをしなさい、と主はおっしゃいます。それも、すぐになのです。

五節の後半で、「そうせず、悔い改めないなら、わたしはあなたのところに行って、あなたの燭台をその場所から取り除く」と主はおっしゃいます。いつまでも、待ってはおられません。もしも悔い改めることをしないならば、こうされるというのです。この厳しさは、今立っている状況がいかに間違えているかを教えるものです。置かれたところから燭台を取り除いてしまおうというのですから。

どうでしょうか。見ようによっては模範的な教会です。行いにおいて、労苦も忍耐も偽使徒を見破る信仰的な真理の闘いも、なかなかのものでしょう。もったいない、まだ使えるのではないか。まだ光を放っているのではないか。でも、主はそうは見ておられません。愛のなくなった教会、愛を忘れたものはもう中身がないかのように、抜け殻のように「用済み」として取り除こうとおっしゃるのです。なんたる厳しさでしょうか。

いや、厳しさとして文句を言うべきではありません。無駄なことがこれ以後ずっと続くことがないようにとの主の配慮です。厳しさは、あるべき姿に立ち戻れという主の導きです。このままの姿勢で、どれほど忍耐を続けていったとしても、どれほど真理の戦いを続けていったとしても、パウロのことばを借りれば、「何の役にも立たない」、「無に等しい」、「騒がしいどらや、うるさいシンバル」と言われてしまうのです。そんな無駄な歩みを一刻も早く捨てて、主の喜ばれる歩みに戻りなさい、というわけです。

厳しさは、いのちある歩みへの主のご配慮ですし、御愛です。このまま続けていったら、いのちが本当に失われてしまいます。霊的な死へと繋がってしまいます。そうならないために、この段階で、立ち戻れ、とエペソの教会の歩みにストップをかけてくださったのです。愛することに戻るためです。いのちの喜びの中にもう一度連れ帰ってくださるというのです。真理の戦いが、知的な満足に終わらずに、キリストを愛する豊かさに繋がるように、主のための忍耐ある戦いが、主の御名のための辛抱が、キリストを喜び、愛するものとなるように、と。これは主のご配慮です。あなたの燭台をその置かれたところから取り除いてしまおうというのを、厳しすぎると見るのではありません。むしろ、それほどに「このままではいけない」と思い知るべきなのです。

「ニコライ派の人々の行いを憎んでいる」

けれども、主の厳しさが厳しさに終わらないことも嬉しいことです。優しさを次の六節に十分に感じます。「しかし、あなたにはこのことがある。あなたはニコライ派の人々の行いを憎んでいる。わたしもそれを憎んでいる」と主はおっしゃいます。何とも嬉しい励ましです。キリストの思いとエペソの教会の思いがぴったりと重なっています。

確かに愛するという点においては、大きくずれてしまいました。愛されていながら、愛することを忘れていたエペソの教会です。キリストが愛してご配慮くださっていたのに、愛されていることをいつしか忘れかけていたのでしょう。それでも、ちょっと違った点で、思いをいっしょにしていたことがあります。「あなたにはこのことがある。あなたはニコライ派の人々の行いを憎んでいる。わたしもそれを憎んでいる。」「いっしょだね」と言ってくださいます。憎むという点では、まさに気があった両者です。いや、このことがまだ残っていました。エペソの教会には、キリストと思いを一つにする、キリスト・イエスに似たところがまだ残っていました。まだまだ残っている。まだまだやり直せる。キリストと心が一つになる部分があったのだから、良かったと思います。

それに、こう言われて、愛の点ではいたく叱られたエペソの教会ですが、それでも、主のまなざしが確かに公平であることにあらためて気づいたことでしょう。「あなたがたのうちには、わたしと同じ思いで憎むべきものを憎む思いがまだありますね」と言ってくださるのです。不公平なことはありません。どこまでも見るべきものを見てくださるお方です。いや、その上をいく方です。先ほどは厳しく叱りましたが、叱って終わりではなくて、もう一度、「あなたがたにまだ良いところがあるね。わたしの心と同じだね」と言ってくださいます。そのことによって、エペソの教会を一歩懐に引き寄せてくださっています。怒られて、もう嫌になって、「もうやめた」とならないようにという主のご配慮にも読めてきます。

ところで、「ニコライ派の人々の行いを憎んでいる」とありますが、ニコライ派とはいったいどんなグループなのでしょうか。あまり多くの情報は残っていませんが、アレクサンドリアのクレメンスの記録によれば、勝手気ままな放縦主義者たちだったようです。食べ物のことも、生活のことも、自由奔放で、どうあってもよいという立場のようです。もちろん、そのようにクリスチャンに教えるのです。偶像に献げた物であろうと自由に食べてよい。私たちの内的なたましいの救いには全く関係ない、というのです。生活における不品行も不道徳も、肉体の汚れのことも、たましいには無関係。たましいの救いを受けている私たちは、そんな周囲のことで、汚されたり滅びたりすることはない。どうぞご自由にと、たましいの救いを強調しました。たましいと肉体を無理やり切り離して、肉体の行いはどうでもいいよという間違った教えでした。彼らはこのとんでもない教えを、もっともらしい最新の生き方として教えていたようです。斬新的な一番モダンなキリスト教、「皆さんが信じているのは、古い昔のもの、私たちこそクリスチャンとしてのニューライフ。新しい生き方を教えましょう」というところでしょうか。「古い規則にがんじがらめになって苦しんでいる。これはもう古い生き方だ。新しいものは違いますよ」と。

「古い」と言われると、何となくそう思ってしまいます。新しいほうが良く見えます。時代遅れが心配になります。いつの時代でも、同じような誘惑があるものです。異端が通常手段とする危険な手口です。戦いに強い教会が意外と、こちらのほうが新しいというとばでコロリと倒れます。でも、「そんなニコライ派の人々の教えを、あなたがたは憎んでいますね」と主は言われます。不品行を忌み嫌い、汚れを憎み、これらの人々の行いを嫌悪し退けていたからです。まさに詩篇一篇、「幸いなことよ　悪しき者のはかりごとに歩まず　罪人の道に立たず　嘲る者の座に着かない人」の姿と重なるものでした。

汚れを憎む。もちろん、ただ憎んだからよいというのではありません。キリストが憎んだものを憎む。それで良いとされています。憎むものが一致しています。それで、良しと喜んでくださっています。キリストとの一致です。本当は愛においても一致しているべきでした。そこが残念な点でした。しかし、憎むということでは、キリストの思いをしっかりと受けとめていました。キリストの思いが、つまりキリストのいのちがエペソの教会にはまだありました。キリストの聖さにあずかろうとする思いがありました。汚れを遠のけて、シミなく傷なく、神様の前に教会を建て上げようという思いがありました。キリストの血潮の赦しを受けて、聖めにあずかっていた教会でした。憎むべきものを憎む。キリストが嫌うことはしない。これこそ、キリストのものである確かなしるしです。

パウロは、「私はキリストとともに十字架につけられました。もはや私が生きているのではなく、キリストが私のうちに生きておられるのです」と、ガラテヤ人への手紙二章一九～二〇節で告白していました。キリストが憎むことを憎んでいる、それで私のうちにキリストが生きているということになるでしょう。そう、キリストご自身の歩みが、私の内に思いを通じて実現しているのですから。私の願いが先になっているときには、生きているのは私です。けれども、キリストが憎んでいることを私も憎んでいるとなるとき、キリストの思いが先になっています。私の中に生きているのは、真っ先にキリストの思うところ、キリストの願うところでした。そう考えると、愛は冷えていたけれども、思いは確かにキリストと並んでいるところがあります。

悪から遠ざかること、善に向かうにしても、このエペソの教会は、キリストが願うところを願っています。見定めるべきことをしっかりと見定めていました。まだ間に合う。まだ十分間に合っています。「あなたにはこのことがある。あなたはニコライ派の人々の行いを憎んでいる。わたしもそれを憎んでいる。」悔い改めに導かれたばかりのエペソの教会です。「思い起こし、悔い改めて初めの行いをしなさい」と言われました。躊躇して、もたついてぐずぐずしている必要はありません。「あなたがたの中にはわたしと同じ思いがありますね」と言ってくださっているのです。

「耳のある者は、御霊が諸教会に告げることを聞きなさい」

「耳のある者は、御霊が諸教会に告げることを聞きなさい。勝利を得る者には、わたしはいのちの木から食べることを許す。それは神のパラダイスにある」と、七節にあります。いよいよ、エペソの教会への手紙の最後となります。

けれども、この「耳のある者は……聞きなさい」とのことばは、続けて七度繰り返されるのです。こう言うのを聞いて、「では、私は当てはまらない。聞かなくてよい」と考えられる人は一人もいないでしょう。

だれもが耳をもっています。それも二つは必要としないということでしょうか、この「耳」は一対でなく単数なのです。この意味を汲み取れば、「両耳のある者は」でなく、「一つの耳でもある者は、これに聞け！」ということでしょう。よく「聞く耳をもたぬ」とか言います。しかしイエス様は、「聞く耳のある者は聞きなさい」でなく、「耳のある者は」とおっしゃるのです。だれもがもれなく聞くべきこと、それが「御霊が諸教会に告げること」です。

何のための耳だったのでしょう。神がなぜ人間に耳をお与えになったのでしょうか。もちろん、聞くためです。それでは、何をでしょうか。虫の音をですか。それもあるでしょう。でも、聞かせたいのは神ご自身の御声ではないでしょうか。そのための耳です。他の事柄なら、勝手に耳を閉ざして「聞き耳をもたぬ」と言ってもよいでしょう。しかし、神の御声にはだれもが耳を傾けるべきです。それも、熱心に、しっかりとです。私たちの聞き方に細心の注意を向けさせておいて、主は言われます。「勝利を得る者には、わたしはいのちの木から食べることを許す。それは神のパラダイスにある」と。

「勝利を得る者には、わたしはいのちの木から食べることを許す」

今、聖書の最後の書であるヨハネの黙示録を読んでいますが、こうあると、思いは最初の創世記三章に飛びます。エデンの園にあったいのちの木です。ただし、それは、アダムとエバが罪を犯してからは人間の手の届かぬものとなってしまいました。「こうして神は人を追放し、いのちの木への道を守るために、ケルビムと、輪を描いて回る炎の剣をエデンの園の東に置かれた」(二四節)。これで、永遠のいのちへの道は全く閉ざされたのでした。「死」の支配の下に人類は歩み出しました。

しかし、ここにもう一度、このいのちの木への道が指し示されます。それも、「勝利を得る者に与えよう」との条件付きでです。勝利する者には、いのちの木の実が与えられます。つまり、永遠のいのちが与えられるということにほかなりません。勝利といのちです。敗北は死となるとの図式が描けてきます。その勝利すべき相手とはだれでしょう。勝利とはどのようなものなのでしょう。

この世の敗北者といえば、社会的に日の目を見られなくなった人のこととなりましょう。この世の勝利者といえば、事業を立派に成し遂げたとか、人のほめことばと栄誉にあずかる人々のことでしょう。しかし、キリストが言われる「勝利を得る者」とは、いのちの木の実に至る条件なのですから、そのような事柄であろうはずがありません。いのちの木の実への道は信仰の道であったはずです。パラダイスの門をくぐるのに必要なのは信仰でした。いのちの木の実への勝利とは、力で勝つことでなく、信仰で勝つこと、信仰にとどまることなのです。となると、やがて勝利を得るというのではなく、すでに勝利を得ているのが信仰者ということになるでしょう。ヨハネは、こう言います。「世に勝つ者とはだれでしょう。イエスを神の御子と信じる者ではありませんか」（Iヨハネ五・五）。そうであれば、勝利を得る者とは、将来の姿ではなく、すでにキリストを信じている者の姿となりましょう。

愛を失った教会にいのちの木の実を食べさせよう、と主はおっしゃいます。なぜこのエペソの教会に向けて、このお約束なのでしょうか。いのちの木の実を食べさせようとのお約束は、罪の中に滅ぶべき罪人に対する神の御愛から出たことでした。いのちの木への道は、ひとり子の十字架を通して、神が用意してくださったものでした。そうであれば、この約束は、その神の御愛へと、キリストの御愛へとエペソの教会を引き戻すものであったのです。そして、神の愛に繋がっていなさい、キリストの愛にとどまっていなさい、と導き続けるものだったのではないでしょうか。

神の都パラダイスのいのちの木の実を目指しての歩みこそ、神の愛に始まった十字架の愛にとどまるものでした。今、そこに戻れ、と促されています。初めの愛とは、その神の愛を知って、体験して生み出し得たものだったのです。燭台として光を放つ教会、その光は神の愛の光でした。教会は、キリストの十字架の御愛の光を放つものでした。これを失ったら、燭台は役に立たないものです。光を放つことが教会の使命なのです。私たちは、神の愛を、十字架を知って歩んでいます。神に愛されて知った「愛」ですし、知って初めて愛せる者となったのです。

主よ、あなたの愛の中を歩ませてください。私たちにも愛する力をお与えください。神の御愛に生き、愛し、神の愛をこそ証しする光を放つ群れとして養い育ててください。

2　スミルナの教会への手紙

「また、スミルナにある教会の御使いに書き送れ。『初めであり終わりである方、死んでよみがえられた方が、こう言われる――。

わたしは、あなたの苦難と貧しさを知っている。だが、あなたは富んでいるのだ。ユダヤ人だと自称しているが実はそうでない者たち、サタンの会衆である者たちから、ののしられていることも、わたしは知っている。あなたが受けようとしている苦しみを、何も恐れることはない。見よ。悪魔は試すために、あなたがたのうちのだれかを牢に投げ込もうとしている。あなたがたは十日の間、苦難にあう。死に至るまで忠実でありなさい。そうすれば、わたしはあなたにいのちの冠を与える。耳のある者は、御霊が諸教会に告げることを聞きなさい。勝利を得る者は、決して第二の死によって害を受けることはない』」（二・八～一一）。

スミルナという町

二番目の手紙は、スミルナの教会に宛てたものです。一番小さな手紙です。全部で四節しかありません。それでも、その小さな手紙の冒頭に見るイエス様のお姿は、七つの手紙の中で最も巨大なものと言えましょう。「初めであり終わりである方、死んでよみがえられた方が、こう言われる」と八節に名乗られます。「初めであり終わりである方」、つまりすべてのすべてであるお方と名乗っておられます。すべての根源です。すべての究極であるお方です。しかも、死んで、また生きた方として復活の力と栄光の中におられるのです。スミルナの教会向けのイエス様のお姿です。

一方、受け取り手の教会はといえば、これがなかなか大変そうな町に置かれていました。だからこそ、イエス様がこのお姿となるのです。

スミルナはエペソ並みの大都会でした。その港はエーゲ海に開け、町の中をメレス川が流れ、大きな街道が南北と東に伸びています。エペソからは北に約六十キロほどですから、徒歩で二日の道のりです。「アジアの美」との名声を得たほどに、都市計画によって美しく整えられた町でした。大競技場があれば、大図書館もあります。アジア最大の大劇場をもつ町。詩人ホメロスを生んだ歴史ある町です。紀元前一九五年の早くから、小アジアで最初にローマ市の繁栄を祈願するための神殿を建てたほどにローマびいきのスミルナでした。

当然、この時分には皇帝崇拝用の神殿もありました。もちろん、他の神々もということで、地母神キュベレーをはじめとして、アクロポリスにはネメシス、ゼウス、テュケー、ディオニュソスにシリアの女神アタルガティス、市中にはアルテミス、アポロン、アフロディテ、ヘラクレスなどといった神々が賑やかに勢揃いした町でした。こんな具合ですと、これだけでも、クリスチャンにとっては実に住みにくい町となります。信仰の戦いの厳しさが目に見えてきます。さらに、多くのユダヤ人がこの町には住んでおり、クリスチャン迫害に最初からやっきになっていました。ユダヤ人たちの迫害が加わるとなれば、どちらを眺めても敵ばかりとなるでしょう。

当時人口二十万といわれたスミルナの町。とても美しく整えられた町。しかしこの美しさは異教の彩りの中に置かれていました。しかも相手の勢力ははるかに強大なのです。必死で戦っても押し潰され、消されてしまいそうな勢いの中をスミルナの教会は歩んでいました。

教会の大きさとそれを取り囲む世間の巨大さを思えば、日本という国での小さな教会にとって、スミルナの教会の戦いはまさに先輩教会の戦いとそっくり見て取れそうです。

「初めであり終わりであり方、死んでよみがえられた方」

八節に描かれた主のお姿は、こんな教会の事情にぴったりのものでした。「初めであり終わりである方」と名乗り出て、本当の支配者はだれなのかを明らかにしておられます。本当のすべての源がこのお方だと教えています。すべてはこのお方にあって初めがあります。すべてはこのお方にあって目的をもつのです。「わたしが初めであり、わたしが終わりである」と名乗り出て、ご自身がすべてのすべてであると宣言しておられます。現実の中で私たちが信仰をもって見上げて生きるべきお方がだれなのかを教えてくれています。周囲では、ローマの皇帝を崇拝しています。偶像の神々に礼拝をささげて生きています。皇帝礼拝はこの町の一大行事として、すでに百年以上も行われていました。ローマ皇帝が世界に君臨しています。その世界の片隅に生かされているクリスチャンです。しかし、すべてのすべては、ローマ皇帝ではなく、私たちの主キリスト・イエスであるとの見方を真っ先に教えてくれます。

スミルナの教会は、迫害の中、戦いの中に置かれていました。殉教の死もたびたびあったかもしれません。そう考えると、主があえてご自分を「死んでよみがえられた方」と名乗っておられることも真っ直ぐに繋がってきます。彼らの主は一度死なれたお方。あの十字架で死んだお方、でも、よみがえられたお方でした。彼らにとって、迫害は避けられない担うべき十字架でした。苦難はくぐり抜けなければならない負い目でした。そんな彼らにまず必要なのは、すべてを支配しておられる方が自分たちの主キリストであること、そしてこのお方こそ死からいのちへと移られたお方であるとわきまえることだったのでしょう。死は避けて通れません。けれども、殉教が彼らへの主のみこころであったにしても、死で終わらない世界があります。「死んでよみがえられた」と言われるお方がおられます。今そのお方がよみがえられたあの日から六十数年を数えたこの時、もう一度、みことばが与えられています。しかも、死を超えた世界に彼らの主がおられるという希望のみことばです。

殉教の影がすでにこの教会を覆おうとしています。でも、死に直面しつつある教会に必要な復活の希望の光が、主ご自身の姿を通して与えられているのです。

「わたしが初めであり終わりである者、わたしこそ死んでよみがえった者」と名乗る主のお姿は、スミルナの教会の一人ひとりに向けて、だれに信頼すべきか、だれを恐れるべきか、だれに期待すべきか、そんなメッセージを語り始めていたことになります。

「わたしは、あなたの苦難と貧しさを知っている」

九節で、復活の主はスミルナの教会に、「わたしは、あなたの苦難と貧しさを知っている。だが、あなたは富んでいるのだ。ユダヤ人だと自称しているが実はそうでない者たち、サタンの会衆である者たちから、ののしられていることも、わたしは知っている」と告げられます。スミルナの教会に敵対する勢力は、これを葬り去ろうと暗躍しています。いや、もう大っぴらに動き回っています。けれども、一部始終を見ているお方がおられました。「わたしは、あなたの苦難と貧しさを知っている」と主は語られます。もちろん、冷ややかに野次馬的な関心で「どんな具合かね」とのぞき込むのではありません。この群れのためにご自分のいのちで代価を支払われたお方です。私たちの一人ひとりの弱さに同情できるお方でした。すべての点で私たちと同じように試みにあわれたお方なのです（ヘブル四・一五）。その主が「あなたの苦しみと貧しさとを知っている」とおっしゃいます。その声の響きは、手紙でなく直接に自らの耳で聞いたら、温かな励まし、慰めとなったでしょう。

彼らの貧しさ、彼らの苦しみはキリスト・イエスに従いゆくためのものでした。それも、ここで使われている「貧しさ」ということばは貧窮した状況のこと、極度の貧しさ、赤貧の状態を表すものです。そこまで落ちてしまった彼らです。主に従うゆえの厳しさでしょう。もちろん、ほかにも理由は考えられます。もしかして、キリストの救いにあずかった者は貧しい人が多かったのかもしれません。つまり、貧しい層から多くの者が救われたということも考えられます。たとえ豊かであったにしても、主のからだなる教会のために惜しまずに献げることを知っていたので、自らの財を使って貧しくなったのかもしれません。あるいは、最初は豊かであっても、このスミルナの町で主に従って生きていくこと、主のみこころに従って生計を立てていくこと自体が厳しかったのかもしれません。そんな生きるための厳しさに加えて、迫害によって極度の貧しさにまで落ちたのでしょう。

もともとこの町は豊かな町であったはずです。スミルナは大都会でした。けれども、信仰をもったが最後というか最初というか、スミルナ市民としての権利などすべてご破算になってしまいます。その身に何が起ころうと、そもそも皇帝に背く者として市の保護などは期待できないし、それを受けられるはずもありません。略奪されようと、訴え出ることもできません。そんなことを考えたら、この町のクリスチャンが豊かであったら変なのかもしれません。貧しくて、それで当たり前。スミルナの教会の姿はむしろそんなだったのでしょう。

主のことばにも、これについて驚きの調子など読み取れません。「わたしは、あなたの苦難と貧しさを知っている」とおっしゃるだけです。でも、その静かなことばのほうが、かえって教会にとっては嬉しかったでしょう。歯を食いしばって、困難に耐えている、貧しさに耐えている、殉教を覚悟してまで教会が耐え忍んでいるのは、ただただキリストを愛するため、このお方に従うためでした。いま味わっている苦しみも、いま直面している貧しさも、それもこれもキリストを愛するゆえに、キリストから離れないため、キリストを捨てないためでした。そんな彼らに、「あなたの苦しみと貧しさを知っている」とキリストが語ってくださるのです。言われなくても、認めていただかなくても、なすべきことをなしているにすぎないスミルナの教会です。主はいのちを捨てて、彼らを愛してくださったのですから、ご自身のいのちをもって贖い出してくださったのですから、イエス様に従っていきます。イエス様を裏切らずに耐えていきます。それでも、主の御愛にやっと応えているにすぎないのです。なんら誇ることなどありません。けれども、「あなたの苦しみと貧しさを知っている」と、その懸命な歩みを主が認めてくださるのです。「よくがんばっているね」と、受けとめてくださっているのです。このことばだけで、もう大きな報いを感じてもよいでしょう。「知っているよ」との一言にどんなに励まされたことでしょう。主は確かに見届けてくださっているのです。

それに、迫害の中を歩むことそれ自体は、主の教会にとって驚くべきことではありませんでした。主は「世があなたがたを憎むなら、あなたがたよりも先にわたしを憎んだことを知っておきなさい」（ヨハネ一五・一八）と予告しておられました。イエス様が先に憎まれていたのです。そのイエス様に従いゆく者が同じように世に憎まれても、驚くべきことではありません。迫害の中を辛抱強く歩みゆくことは当たり前のことでもあったのです。

いや、それを当然と受けとめることができなくても、迫害や苦しみと引き替えにできないものを彼らは得ていました。主は一言、「だが、あなたは富んでいるのだ」と告げてくださいます。「貧しさ、苦しみの中にある。でも、あなたがたは実際は富んでいますよ」と言われます。神の祝福と恵みにいっぱいに満ちているのでした。もちろん、その豊かさを世の人は認めないでしょう。けれども、世人は認めなくても、神の前に一番豊かな歩みをしています。本当の豊かさの中にいるのです。何をもって豊かとするか。何をもって祝福と理解するか。本当の豊かさは何か。見るべき目を与えられていたスミルナの教会です。だから、苦しみも、この世の貧しさも、これを耐えたのです。本当に選ぶべきものをしっかりと得ていたからです。後に出てくるラオディキアの教会とは、全く逆です。貧しくても神にあって豊かに富んでいる教会、スミルナでした。ラオディキアは自らが富んでいると自負しながら、神の前に裸同然でした。信仰によって永遠の富を豊かに得て、しっかりと握っていたスミルナの教会です。

「ののしられていることも、わたしは知っている」

そのスミルナの現実をもう一つ、主は「わたしは知っている」と付け加えておられます。それはユダヤ人からの中傷でした。スミルナの教会の戦いの現状を細かいところまでご覧になっているイエス様です。何を痛み、何に傷つき、どのように戦っているかを見て、ちゃんと手当てをしてくださいます。「ユダヤ人だと自称しているが実はそうでない者たち、サタンの会衆である者たちから、ののしられていることも、わたしは知っている」というこの一言で、大いに安心したことでしょう。

ののしってくる人々はユダヤ人です。そうだとすれば、これは些細なことではありません。ユダヤ人たちのことですから、自分たちこそ神に忠実であると信じ込んでいたに違いありません。そうとなれば、彼らののしりのことばは容易に想像できます。「おまえたちは、冒瀆の輩《やから》だ」と。「私たちこそ、神に忠実な者、おまえたちは真実な道から踏み外れて、迷いの中にいる者たち」といったかたちだったでしょう。迫害の中で、貧しさの中で、しっかりと歩もうとしているスミルナの教会、自らは忠実に誠実に信仰に生きようとしている人たちにとって、「おまえたちの歩みは神の道を離れ、間違えている」とのことばは、動揺をきたらせるものだったでしょう。

けれども、主は「いや違う」とおっしゃいます。そのようなユダヤ人たちを、もはやご自分の民とはみなさずに、「サタンの会衆である者」だと断言されます。彼らの言うことに、その批判の声に耳を貸すことなどない、となります。自称ユダヤ人、自称神の民なのであって、実は「サタンの会衆」にすぎないと主は見ておられるのです。

スミルナの教会にあるポリュカルポスの殉教の絵

恐ろしい光景です。もしその一員だったら大変なことでしょう。会堂に安息日ごとに集まっている。みことばに耳を傾け、神を恐れ、礼拝しているかに見える。しかし、そのシナゴーグ、会堂の内側はサタンの会衆となる。サタンの手下ばかりだったとなる。彼らもそんな自分自身の姿に気づかずに、神に忠実であるとばかりに、クリスチャンたちを迫害していた。ところが、まるっきりサタンの手下になっている。スミルナの町で真っ先に迫害を煽動していたのはユダヤ人たちだったのです。

そういえば、スミルナの監督（牧師）のポリュカルポスが、この時からしばらく後のことですが、紀元一五五年二月二十三日に火あぶりの刑で殉教します。その日が安息日であったにもかかわらず、ユダヤ人たちは自らの掟を破って、火あぶりのための薪集めに走り回っていたということです。

「自称ユダヤ人たちがサタンの会衆である」と主は言われます。彼らからののしられていることも知っています、と。「でも、恐れることはありません。彼らののしりに心揺さぶられる必要もありません。あなたがたはわたしのもとにとどまりなさい。今の歩みを全うしなさい。」そんな主の励ましの御声を行間に聞くことができるでしょう。「苦しみも、貧しさも、ののしられていることも、みんなつぶさにわたしは知っていますよ」と言う主がおられるのです。すべてをご存じの主、その主が今もう一度励ましを与えようと、スミルナの教会に声をかけてくださっています。その歩みが誤りでないことを確信させてくださいます。ののしりの声に耳を貸すことなく、真実な主の御声にとどまることを教えてくださっているのです。

苦難の中の教会に対して、「知っていますよ」とだけ主はおっしゃいます。友だちに悩みを打ち明けて、「知っていたよ」と言われたら、「どうして力になってくれなかったの」とちょっとムッとなりそうです。けれどもイエス様が「知っていますよ」とおっしゃるのを聞いたなら、落ち着くのではないでしょうか。そうおっしゃるだけです。「大変ですね」とのことばが続くわけではありません。「苦しそうですね」とおっしゃるわけでもありません。「早く終わればいいですね」と、あらぬ希望を抱かせるわけでもありません。ただ「知っていますよ」と告げるだけです。むしろ、この当たり前のような響きに、苦難もキリスト者にとっては意外なことではないと気づかされて、スミルナの教会の一人ひとりの心も落ち着いたことでしょう。

迫害も貧しさものののしりも、別段驚くべきことではありません。確かにこの世間では、「信者になって、あの人、昔は豊かだったのに、今はご覧、あの貧しさ」なんて、そんなささやきが聞かれることもあったでしょう。でも、主の御声は違います。静かです。子どもが道で転んで、膝でもすりむいたら、どうするでしょうか。大騒ぎして、「あら大変、痛かったでしょう。血も出ている」と親が騒ぐと、黙って起きようとしていた子どももびっくりして泣き出すでしょう。主の静けさは、落ち着きはらった御声は、スミルナの教会の一人ひとりの心を落ち着かせ、また平静に戻したことでしょう。苦難の中で慌てふためいて騒ぎ回っていた者たちもいたでしょう。迫害だけでなくて、殉教者まで出るとなれば、信じて歩んでいる自分の生き方を恐れるでしょうし、どうなるのだろうかと不安にも駆られるでしょう。けれども、何かそんな騒ぎ回る自分の姿を恥ずかしく思います。いや、恥ずかしく思わせる主の御声なのです。

とはいえ、「わたしは、あなたの苦難と貧しさを知っている」とイエス様が語るのを聞いたら、やはり少し期待するでしょう。ご存じなら、このくらいで天地を治める全能の御手を差し伸べて、この迫害をストップさせてくださらないのでしょうか。ご存じなら、この苦しみから私たちを救い出してくださらないのでしょうか。もうこれくらいで十分なのでは、と。そんな期待を、「知っていますよ」というこの一言に抱かせられます。

「あなたが受けようとしている苦しみを、何も恐れることはない」

ところが、そんな教会へ主のおことばは、「いや、苦しみはまだ続きますよ」という宣告でした。一〇節で、「あなたが受けようとしている苦しみを、何も恐れることはない。見よ。悪魔は試すために、あなたがたのうちのだれかを牢に投げ込もうとしている。あなたがたは十日の間、苦難にあう。死に至るまで忠実でありなさい。そうすれば、わたしはあなたにいのちの冠を与える」とおっしゃるのです。迫害をやめさせるのではありません。貧しさから救い出そうというのでもありません。ののしりの口を封じさせるというのでもありません。「さらに続く苦しみを恐れるな」とおっしゃるのです。

教会を愛しておられるお方のことばです。ご自分のいのちをもって贖ってくださった教会へのことばです。その痛みをご自分の痛みとしてわかってくださっている方のことばなのです。そう考え合わせると、迫害や貧しさやののしり、そんなものはないほうがいいと思いますが、何もないことが教会にとって最善とは言えないということでしょう。苦しみの中を通ることが最善となるということもあるのでしょうか。

何もないなかで、ラオディキアの教会は堕落しました。スミルナの教会は懸命に信仰にとどまっています。何もないのがいい、とはいかないのです。これで迫害が終わればよいといった、そんな計算は私たちの側の弱さのゆえでしょう。けれども、その弱さをご存じのお方が、なおもこの苦しみの日々を許されるのです。スミルナの教会の苦難の日々はなお続きます。続くなかで、「あなたが受けようとしている苦しみを、何も恐れることはない」とおっしゃいます。苦しみを逃れよ、ではなく、恐れるなというのです。苦しみを避けることがすべてではなかったからです。

恐れるべきものはほかにありました。主のみことばを思い出しませんか。「からだを殺しても、たましいを殺せない者たちを恐れてはいけません。」マタイの福音書一〇章二八節です。からだを殺すだけのことといとも簡単に主はおっしゃいます。けれども、そこまで簡単に割り切れるのが信仰なのでしょう。

主は、いま苦しみの中に置かれたスミルナに、その苦しみそのものを恐れるな、とおっしゃいます。本当に恐れるべきものは何かがわかっていれば、迫害はまだ取るに足らないことと受けとめられます。いや、それだけでなく、「見よ。悪魔は試すために、あなたがたのうちのだれかを牢に投げ込もうとしている。あなたがたは十日の間、苦難にあう」とまでおっしゃいます。迫害そのものが悪魔のしわざであると主は告げられるのです。スミルナの教会の信仰を試しているのはサタンであると見極める霊的な目をしっかりと開かせてくださいます。迫害の先鋒となっているユダヤ人会堂の者たち、そして、本腰を入れて教会を迫害し始めるローマ帝国。しかし、その背後にはこの闇の力がうごめいていたのです。あのヨブに対するように、スミルナの教会の信仰を試しにかかっているのはサタンなのです。

ところが、その試そうとしている出来事も、ヨブを試しにかかったサタンが神の許可を必要としたように、主の許しの中でだけ起こるものでした。彼らにしても、たましいは殺せないのです。牢に投げ込もうと、引きずり出しては野獣に引き裂かせようと、そこまでです。たましいには手をかけられません。主は「恐れるな」と言われます。どれほど長く続こうとも、苦しみを恐れてはいけない、死に至るまで忠実でありなさい、と命じられるのです。主の激励です。

「死に至るまで忠実でありなさい」

迫害の中で、「主よ。私のいのちを助けてください」と、この地上のいのちのことで「助けて」と叫びそうになりますが、主はそれに先んじておっしゃいます。「死に至るまで忠実でありなさい」と。地上の死がそれで終わりではないからです。それから先があるからです。ですから、この地上では、「死に至るまで忠実でありなさい」と命じられるのです。それこそが、彼らが手にしていた豊かさ、彼らがすでにいただいていた富を手放さずに歩み続けて行く道でした。地上の苦しみと引き替えにならないものを、信仰を通して与えられていたのです。地上のいのちと比べられないものを、永遠の祝福の中に見いだしていたのです。

「死に至るまで忠実でありなさい」と命じられているスミルナの教会ですが、このスミルナ市民たちは、もともと「忠実」ということばを誇りとし、大好きでした。なんといっても、ローマから「同盟市の中で最も忠実な町」と評されてきたのです。ローマに忠実であることがスミルナ市民の誇りでした。彼らの宝でした。それも長年かけて築き上げてきたスミルナ市民の名声です。たどっていけば、三百年もかけていたのです。

彼らは、冬の最中に遠征に出かけたローマ軍のために、自分たちの着ているものさえ脱いで援助物資として送り届けたと伝えられています。ローマに対するスミルナの忠実ぶりは、こうして名声を得たのでした。そのようにして、彼らはローマの繁栄を祈願するための神殿を建ててよいという許可をいち早く得ていました。

スミルナ人といえば、ローマに忠実な者のお手本でした。忠実さが何なのかをよくわかっているスミルナ市民です。今、キリストから「死に至るまで、わたしに忠実でありなさい」と言われているスミルナの教会にとって、その意味は十分にわかったはずです。これまではローマに忠誠を誓って生きてきた市民でした。スミルナの誇りであり宝である忠実さをローマ皇帝に示してきました。ところが、「わたしに贖い取られたあなたがたは、わたしに対してその忠実さを見せてほしい」と、主に求められています。忠実ということなら、彼らはまさに何でもやってのける覚悟をもっている市民でした。キリストはそんな彼らに、かつてはローマのために示した忠実さをご自分のために示してほしいと挑戦しておられるのです。しかも、「彼らの中のある人たちは牢に投げ込まれる」と告げられるなかで、死に至るまでの忠実さを主は問われるのです。牢に投げ込まれるのも、殉教へのいわばプロセスにすぎないでしょう。やがて、そこから出されて見せしめとされるのですから。

「十日の間、苦難にあう」とあります。十というこの数字、一つの完成、完結、完全を表すものであるとすると、この「十日」は迫害として極みまでということになりましょう。スミルナの教会にとっては耐えられる限界まで試されることになるということです。そこまで、スミルナの教会をサタンに渡して試させておられる主です。そして、神の許可のもとで動き回れるサタンでした。となれば、「そこまで試すから、あなたがたは死に至るまで忠実でありなさい」と言われていることになります。

確かに、サタンがこの教会を試みています。けれども、よくよく考えるなら、そうやってサタンが試しているのを主は傍らでご覧になっているのです。そして、それを許しておられるのです。ただし、十日の間との期限付きです。とすれば、スミルナの信仰を試しておられたのは、主ご自身だということです。試しつつも、死に至るまで忠実であれ、と主ご自身が命じておられます。

こう見てくると、これらの出来事に秘められた主の期待が読めないでしょうか。主がサタンに許可を与えて、スミルナの教会を試させている。そのうえで、「さあ、あなたがたの忠実さを今わたしに見せておくれ」と語りかけておられるように聞こえます。スミルナの弱さもご存じのお方が「死に至るまで忠実でありなさい」と命じて、そのままにしておかれます。止めに入られるわけではありません。決して耐えられない試練をお与えになるお方ではありません。耐えられないなら、逃れの道も必ず用意してくださるお方です（Iコリント一〇・一三）。そこまで思ったら、主は、この試みを確かに耐えられると見て、お与えくださっていることになります。主の期待あってのことです。「試させてもらうよ」ということだったのでしょう。スミルナの信仰を知ったうえでの苦しみ、試みの日々だったのでしょう。

「わたしはあなたにいのちの冠を与える」

ですから、その歩みの先にしっかりと見るべきものをも指し示してくださいます。「そうすれば、わたしはあなたにいのちの冠を与える」と。目指すべきものは、「いのちの冠」です。もちろん、永遠のいのちのこととらえていいでしょう。エペソの教会への「いのちの木」の約束と違って、「いのちの冠」は激しい戦いを予想させます。

スミルナといえば、アジア州で一番大きな競技場をもつ町、競技の盛んな町でした。優勝者の頭上には月桂樹の冠が与えられます。きらびやかな王冠ではなく、リースです。この「冠」ということばも王冠ではなく、リースを指すものでした。「いのちのリース」を勝利者に与える、と主が言っておられることになります。ですから、この冠は、彼らがなじんでいた競技の勝利者に与えられる冠を思い起こさせるものだったでしょう。そしてそれは、死に至るまでの戦いを戦い抜いて獲得しなさい、という主のみこころを教えるものでした。

いのちの冠、つまりリースと聞いて、スミルナの教会員が思い浮かべるもう一つの事柄がありました。それは、スミルナの名誉市民に与えられるリースのことです。スミルナ市に貢献した者、軍務について手柄を立てた者、競技においてめざましい活躍をした者、そんな市民として栄誉ある働きをした者に与えられるリースがありました。どこかの国の国民栄誉賞みたいなものでしょう。ただし、このリースは生きている間には与えられず、死後にスミルナの市民としての栄光ある生き方に対して記念として与えられるものでした。冠、リースと聞いて、スミルナの市民だったら、その市民としての最高の栄誉、死後に与えられるこのリースのことも思い浮かべたはずです。

キリストが与えてくださるいのちの冠も、これにイメージがそっくり重なるものだったでしょう。キリストからの栄冠は、名誉市民に与えられるあのリースのように、地上で生きている間に手にするものではなく、地上の歩みを見事に走り抜いた後に与えられる、死に至るまでの忠実さへのご褒美となるものです。

スミルナの教会員に用意されている主よりの冠には、こんなイメージが重ね合わされていたのでしょう。どちらかといえば、競技場の競技者の頭上に輝くリースよりも、死後に棺にそえられる名誉のリースを思い描く人のほうが多かったのではないかと思います。なにせ、戦いの中に置かれていた、それも苦難と殉教の道を歩むスミルナの教会だったのですから。

「耳のある者は、御霊が諸教会に告げることを聞きなさい」

「死に至るまで忠実でありなさい」と主は励まされます。いのちの冠への道は、教会にとっては茨の道です。そして、確かにそれはいのちへの狭い狭い道でもありました。主は、そんな戦いの中にある群れに、一一節で、もう一つの励まし、激励を加えます。「耳のある者は、御霊が諸教会に告げることを聞きなさい。勝利を得る者は、決して第二の死によって害を受けることはない」と。耳のある者として、どんな思いでスミルナの教会の一人ひとりはこの主のことばを受けとめたでしょう。いや、「耳のある者は」と語られるキリストご自身の心の思いは、スミルナの教会に向けて、どのようなものだったのでしょう。

迫害に対してもう一度覚悟を決めて歩み出そうとしているスミルナの教会です。迫害の中に、貧しさの中に、ののしりの中に置かれていたスミルナの教会にとっては、格別な響きをもってこのことばが聞こえたでしょう。この世の声に、ののしりの声に、サタンのささやきに惑わされずに、本当に聞くべきことを語る御霊の声に聞き従っていくように、聞くべきものを聞き分けて、励ましの声を聞き、つまずきの声は退けて歩んでいくように、と主が「あのサタンの声でなく、聞くべきものを聞け」とスミルナの教会に呼びかけているかのように聞こえないでしょうか。

耳はおもしろいものです。何でも飛び込んできます。耳は閉じられません。けれども、私たちは心の中で聞いたり聞かなかったりするものです。選べるのです。聞きたい声を小さくても聞こうと思うと、それを選び出して聞くことができます。拾い出して聞けます。「耳のある者は」と主はおっしゃいます。サタンの声、この世の声に対しては閉じた聞こえない耳をもつように、と。そして、神の声、御霊の語る声には、開いた聞く耳を用意するように、と。

スミルナの教会の戦いは、それで支えられていきます。真実の励まし手であるキリストの声に耳を傾けるなかで、信仰の歩みは支えられました。これでもって耐えていけます。ほかには方法がありません。世の声は、スミルナの教会を滅びへと誘うもの、つまずきを与えるものでした。けれども、聞くべき真実の声は、キリストが、羊飼いなる方が語ってくださる声でした。この世の声はつまずきに満ちているでしょう。信仰に生きて、苦しみと貧しさとののしりの中に置かれている教会です。「信仰はいったい何の役に立つのか。信じて得たものはいったい何か。苦しみに貧しさ。何か良いものがほかにあるとでもいうのか。」そんなののしりの声には耳を貸す必要はありません。心の平安を信仰によって得ているからです。

しかし、その心の平安が攻撃にさらされます。「そんなものと引き替えに、死を選ぶのかね、あなたは。それは引き合わないでしょう。永遠のいのち、何の保証があるのかね」と、滅びへと誘うことばが不信仰へ、絶望へ、そして死へと一人ひとりを誘ってゆきます。けれども、聞くべき声は、御霊が語る一言一言なのです。

「勝利を得る者は、決して第二の死によって害を受けることはない」

「勝利を得る者は、決して第二の死によって害を受けることはない」との約束のことばこそ、主が与えてくださった支えです。目の前の殉教者たちの死という事実に、思わず逃げ腰になります。けれども、逃げ腰になったとして、信仰の道から一歩も下がるわけにはいきません。進むしかないのです。下がったら、待ち受けているのはこの「第二の死」、永遠の滅びでした。後ろはありません。クリスチャンの戦いは背水の陣です。背水といっても、後ろは水ではなく、燃え上がる火と硫黄の池、永遠の滅びです。イメージとしては恐ろし過ぎます。考えたくないものです。それでも、主はそのことを突きつけてこられます。「勝利を得る者は、決して第二の死によって害を受けることはない」と。

何を避けるべきでしょうか。決して堕ちてはならないところがあります。主を信じている私たち、永遠の滅びからも地獄の苦しみからも贖い出された者たちですから、そんなことを考えずに生きていくことができます。けれども、ときにはこんな形で、「第二の死」という強烈なことばを目の前に突きつけられる必要があるのでしょう。真理と信仰を捨てたら、どうなるのか、それで何が得られるのか、何を失うことになるのか、よくよく考えてみることが必要でした。

スミルナのクリスチャン一人ひとりはもはや、第二の死によっては損なわれません。勝利を得る者とは、今の信仰にとどまっている者たちのことです。たとえ迫害、貧しさ、ののしりの中で、残された生涯をずっと歩み続けていくにしても、平穏な日々をどれほど待ち望んでいても、もうこれしか選び取るものがないと、はっきりとわかっているでしょう。今得ている豊かさ、信仰のゆえに得た豊かさと引き替えにしてよいものなどありません。

この後迫害は厳しくなるばかりですから、人並みな生活をスミルナの教会員は続けることができなかったでしょう。信仰をもったばかりにこんな生活にといった思いも、心に浮かんでくることでしょう。ぼんやりしていると、そんな思いが忍び込んできて、それに呑み込まれるかもしれません。地上のことにしか目がいかなくなったら、おしまいです。地上のいのちしか考えられなくなったら、終わりです。

主は、迫害の中のスミルナの教会が選び取っているものがいかに尊いものかを教えてくださっています。「あなたがたは、勝利の道に立っている。あなたがたは第二の死によっては決して害を受けることはない。だから第一の死、その門をくぐることを恐れてはならない。苦しみの日数を数えて困惑してはならない」と。

十日の間それが長く続くにしても、捨てるべきものをスミルナの教会の人たちはもう捨て去ってきました。この世の望みも、楽しみも、捨ててよいとするキリストの約束と祝福を得ていました。迫害がそのうちにやむとしても、いずれ死の門をくぐることになります。

事故で亡くなるか、病で亡くなるか、たとえ長寿を全うしても、死を迎えます。第一の死はどちらにしても、くぐることになるのです。信者、未信者の区別なく、すべての人がこの第一の死には呑み込まれていきます。ただ、第二の死に遭遇しない道があります。信仰が鍵でした。

第一の死を心配する者は多いのです。第一の死を先送りしようと、懸命に健康に注意を払います。第一の死を考える人は多いのです。第一の死は確かに私たちの人生の最後に、でんと構え、口をあけて待っています。でも、さらにその奥深くに第二の死が、永遠の滅びが待っていることに人々は気づきません。考えません。考えたくないのです。それがわかったら、慌てるでしょう。神の永遠のさばきが待ち受けていることを、人はうすうす感じています。しかし、自分の良心をいいかげんに黙らせて、神のさばきなどないとして、これを心の隅に追いやってしまいます。

スミルナの教会は、真正面からこれらを突きつけられていました。第一の死は迫害の中で、第二の死はキリストのことばを通して目の前に置かれているので、これでは避けて通れません。それも、「あなたがたのうちのだれか」とあるように、一部の人たちが捕らえられ、苦しめられています。あるいは、さらに殉教の道をたどることにもなっています。彼らは、そんなかたちでも最後まで信仰を全うしていくのでした。

殉教者たちは勝利者です。殉教者たちは、そう見るなら立派な信仰者たちです。彼らは天の御国に凱旋しています。人々は、その一人ひとりを思い起こすことができたでしょう。むしろ心配なのは、今生きている地上に残っている者たちです。心が揺れるのは地上にいる者たちです。殉教者を見て、「私の番になったらどうしよう」と思います。でも、主はおっしゃいます。「勝利を得る者は、決して第二の死によって害を受けることはない」と。勝利を目指す道は、今彼らが立っている信仰の道なのです。世の人々がそんなクリスチャンの生き方をどう見るかはどうでもよいことです。いま戦いのさなかにあって信じて立っていることを続けていくことです。たとえ第一の死が殉教のようなかたちで訪れようとも、それはいのちへの、まさに「いのちへの門」なのですから。永遠の冠をいただく御国への門出なのですから。

第二の死、永遠の滅びからは自由にされています。私たちが第一の死を恐れるのは、もちろん当然のことです。怖いものです。しかし第一の死が恐ろしいというなら、第二の死となる永遠のさばきは、さらに恐るべきものでしょう。第一の死を怖がって、殉教が嫌だというなら、第二の死はそれにまさって、何が何でも避けなければならないものでしょう。「勝利を得る者は、決して第二の死によって害を受けることはない」と主は宣言してくださいます。「あなたがたは、大丈夫、わたしが用意しているいのちの冠をいただくのだから」と、主は勝利と祝福を保証してくださっています。今彼らは、貧しさと苦しみと、ののしりの中にあります。けれども、「あなたがたは実際は富んでいる」という主のおことばが真実であることを知っているのです。キリストは十字架の苦難を通してご自分の栄光に入られました。キリストの名を名乗る教会も、その苦難を通して栄光へと導かれつつあります。いのちの冠をいただきます。ののしりの中にあっても、この信仰の道にとどまり続けてよいのです。それは、勝利の道、いのちへの道だからです。「あなたがたは最も尊いものを選んでいる。第二の死を味わわずともよいのだから、その信仰にとどまれ。」そんな励ましを、聞く耳をもって受けとめる者でありたいものです。

スミルナの監督ポリュカルポスは、やがてこの町で火あぶりとなって殉教します。そのポリュカルポスに、老齢のこともあって、人々はさかんに背教することを勧めます。キリストを否定し信仰を捨てて生き延びることを勧めるのです。けれどもポリ

スミルナのポリュカルポス教会

ュカルポスは、そう言う人々に答えます。「私は八十六年間あの方に仕えて来ましたが、あの方から不当な取扱を受けたことはありません。それなのに、私を救って下さった、私の王であるあの方を、どうして冒瀆することができましょうか」と。火あぶりの刑をもって脅す人々に対して、「一時《いっとき》ばかり燃えてじきに消えてしまう炎をもって、あなたは威嚇しているが、あなたは、近づきつつある裁きと永遠の刑罰の炎、不敬虔な者たちのためにとってある炎を、御存知ないのです。さあ、何をぐずぐずしているのですか。なんなりと好きなようになさるがよい」と答え、炎に包まれて殉教していったポリュカルポスです。「勝利を得る者は、決して第二の死によって害を受けることはない。」キリストのこの約束をしっかりと握りしめていた私たちの先輩です（『殉教者行伝』キリスト教教父著作集22、教文館、一一一～一一二頁）。

3　ペルガモンの教会への手紙

「また、ペルガモンにある教会の御使いに書き送れ。『鋭い両刃の剣を持つ方が、こう言われる——。

わたしは、あなたが住んでいるところを知っている。そこにはサタンの王座がある。しかしあなたは、わたしの名を堅く保って、わたしの確かな証人アンティパスが、サタンが住むあなたがたのところで殺されたときでさえ、わたしに対する信仰を捨てなかった。けれども、あなたには少しばかり責めるべきことがある。あなたのところに、バラムの教えを頑なに守る者たちがいる。バラムはバラクに教えて、偶像に献げたいけにえをイスラエルの子らが食べ、淫らなことを行うように、彼らの前につまずきを置かせた。同じように、あなたのところにもニコライ派の教えを頑なに守っている者たちがいる。だから、悔い改めなさい。そうしないなら、わたしはすぐにあなたのところに行き、わたしの口の剣をもって彼らと戦う。耳のある者は、御霊が諸教会に告げることを聞きなさい。勝利を得る者には、わたしは隠されているマナを与える。また、白い石を与える。その石には、それを受ける者のほかはだれも知らない、新しい名が記されている』」(二・一二〜一七)。

「サタンの王座」

「わたしは、あなたが住んでいるところを知っている。そこにはサタンの王座がある。」こんな恐ろしい内容の手紙を受け取ったら、どうしますか。それも、いたずらや冗談、嫌がらせの類ではなくて、復活の主イエス様からそんな手紙をいただいたとしたら、どうでしょうか。内容は真実です。黙示録の七つの教会の三番目、ペルガモンの教会は、こともあろうに、「サタンの王座」と隣り合わせにありました。初めからわかっていたら、このペルガモンという町で開拓伝道を始めようと思い立つ伝道者などおそらくいなかったでしょう。それも、そこに「サタンの王座」があると知らされるのは、アンティパスという殉教者をすでに出してからなのです。このタイミングもまた気になります。

ペルガモンという町は、その名前「ペルガモン」が要塞を意味するように、ぐるりと弧を描くカイクス川を見下ろす高台にありました。古く美しい町です。ギリシア文化の最高の華とまで評された町でした。文化の中心地、二十万冊を誇る図書館をもっていました。

ペルガモン、アスクレピオン（医療センター）遺跡から見たアクロポリス

アクロポリスには、他の町の例に漏れず、当時の四大神殿、ゼウス、酒の神バッカス（別名ディオニュソス）、芸術・戦の女神アテーナ、そして医療の神アスクレピオスと、豪勢な神々の神殿が建ち並びます。ついでに、アウグストゥスとローマの女神を祀《まつ》るに及んで、まさにこの町は神々の住む所といった賑わいでした。けれども、「賑わい」などと、そんな呑気な言い方は、ペルガモンの教会の人々に叱られそうです。「サタンの王座がある」と言われるのですから。「王座」です。

二番目のスミルナの町は、「サタンの会衆」がいるといった具合で、サタンの手下がいるだけでした。それなのに、三番目のこの町は、その首領である「サタンの王座」があるというのです。強大な権力者、支配者、暴君として、闇の主権者サタンが君臨しています。

ところで、「サタンの王座」とは何を指しているのか議論があります。もっともペルガモン

ペルガモンのトラヤヌス神殿

らしいところは、この町に神々は数多くいますが、最後にあげた皇帝崇拝です。ペルガモン市民は皇帝崇拝に最も熱心だったようです。他の神々は周りの町々でも同じように祀られています。この町が特別に「サタンの王座がある」といわれる所以《ゆえん》は、どうもペルガモン独自のこの皇帝崇拝に関わりがありそうです。

ですから、「サタンの王座」とは、皇帝の神殿を指すと解釈されてきました。確かに二番目のスミルナにも皇帝を崇める神殿がありました。けれども、それはとても古く、紀元前一九五年からずっと続いており、すでに三百年近く経っていました。歴史があるといえば、そうですが、このペルガモンが皇帝崇拝の許可を取りつけて神殿を建てたのは紀元前二九年と、ずっと最近のことでした。しかも、市の発行するコインにその皇帝の神殿を刻印するほど、言ってみれば皇帝崇拝の中心地となっていたのでした。

そのようなわけで、他の神々もサタンの用いる道具となっているのは確かですが、ここでペルガモンに「サタンの王座がある」とわざわざ指摘されていることは、皇帝崇拝に絡めてのことと読めるのです。しかも、殉教者まで出したとあります。処刑の権限をもつのは町の総督でした。いわば、町ぐるみでキリスト教徒を迫害していたことになります。そして、そのペルガモン市が特に力を入れていたのが皇帝崇拝であったのです。殉教と皇帝崇拝が結びついていたことにもなるでしょう。とすれば、「あなたのところにサタンの王座がある」と指摘されるこの主の指摘は、戦うべき相手がだれかを教えるものであったわけです。

クリスチャンは皇帝崇拝と真っ向から対立し、戦っていました。けれども、皇帝崇拝の背後にローマ皇帝ではなく、サタンの姿があることを主は指摘されるのです。ローマ皇帝の王座、それを祀る神殿、その権力の座と重ね合わせて、「サタンの王座」が見えてきます。戦いは地上の権力との戦いではなく、霊的な戦いであるとわきまえて、それを肝に銘じて戦えということになるでしょう。これがペルガモンの実情でした。

「鋭い両刃の剣を持つ方」

キリストを信じる者たちが住むには手強い町です。信仰のゆえのもめごとや戦いを避けては通れそうにありません。現に殉教者を出すというところまで経験済みなのです。戦いの中に置かれていたペルガモンの教会でした。いや、だからこそ、復活の主のお姿が「鋭い両刃の剣を持つ」との出《い》で立ちだったのです。七つの教会に向けてのイエス様のお姿は全部異なりました。教会の事情に合わせて姿を変えておられます。ペルガモン向けは、両刃の剣、それもよく切れる鋭い剣をその手に握っておられるお姿です。主自ら戦われる身支度をしての登場でした。

　この中に、その戦いの厳しさ、主自ら武具を身につけて乗り出すほどの厳しさを見て取ることができるでしょう。それに剣といえば、ローマの総督こそが剣の権能をもつ者でした。剣の権能、つまり生かすも殺すもローマから遣わされたペルガモン総督の手にその権能が握られています。人の命を思いのままに取り扱えます。けれども、キリストの手にも「両刃の剣」がありました。キリストもまた、剣の権能をもつお方としてペルガモンの教会の戦いに臨んでおられることになります。しかし、主の戦いは霊的な世界の闘いです。その剣の一振りがいかになされるのか、この後で見ていくことになります。

　さて、このような主のお姿に、教会が置かれていた状況の厳しさを見てきました。その厳しい中で、ペルガモンの教会の信仰の戦いぶりは実に見事なものでした。

「わたしの確かな証人アンティパスが、殺されたときでさえ」

一三節に「しかしあなたは、わたしの名を堅く保って、わたしの確かな証人アンティパスが、サタンが住むあなたがたのところで殺されたときでさえ、わたしに対する信仰を捨てなかった」とありますが、主の見るところは確かです。彼らの忠実ぶりがしっかりと主の目にとらえられています。アンティパスは、おそらくこの地方での最初の殉教者だったのでしょう。しかし決して最後ではなかったはずです。

このアンティパスという人物がどんな人であったのか、今はわかりません。教会の指導者だったのか、あるいは信徒の一人だったのか、何もわかりません。ただ、言い伝えが一つあります。その伝承によると、アンティパスは「真鍮《しんちゅう》の雄牛」の中に押し込められて、ゆっくりと焼き上げられて殉教したということです。真鍮製の牛の中に閉じ込められて殺されたのでした。この話が真実かどうか、もちろん伝承ですから確かめる術《すべ》はありません。ただ、もしこの話が本当であれば、それはそれで、「サタンの王座」があるところと言われるペルガモンの残忍性が伝わってきます。ただ殺すというのでなく、見せしめ、余興、また楽しみともなっています。

でも、そんななかでも信仰にとどまり続けたペルガモンの教会でした。「わたしに対する信仰を捨てなかったね」と、主はその戦いぶりを認めてくださっています。捨てても仕方がないような厳しい中で信仰に踏みとどまっていたのです。キリストの御名を堅く保っていました。しっかりとキリストにとどまり続けていたのでした。裏切らず、キリストとの交わりを絶たず、救い主に背を向けずに、しっかりと主の御名を大切に、主の御名を恥としないで、彼らは歩んでいたのです。

殉教者まで出してのことですから、大変なことです。主の日の礼拝をいっしょに守り、交わりをしていた信仰の友の一人が突然いなくなる。命を奪われる。それも、事故や病ではなく、キリスト・イエスを信じているということで殺されるのです。とすれば、信じ続けるとどうなるかは、一目瞭然です。信仰にとどまることがどういうことなのか、だれの目にも明らかでした。

アンティパスは「確かな証人」と言われています。やがて、この「証人」というギリシア語「マルトゥス」は殉教者を意味するものになります。もちろん、この時はそのものずばり「証人」、証し人です。ところが、証人であることが殉教に値することになっていきます。アンティパスの死は、証人であることの意味を新たにする出来事でした。キリストを信じることが命を失うことに繋がっていくのです。

私たちの国でも、そんな時がありました。信仰が死を意味している、そんな時代がありました。クリスチャンがキリシタンと呼ばれていた時代です。キリシタンとは文字どおりです。「切」る。「支」とは体の手足。「丹」は赤、血の色でした。「支」の変わりに「死」を使う表記もあり、まさにキリシタンであること、キリストを信じることは血を流す死に通じる生き方となっていたのです。それほどまでに信仰の道が死と隣り合わせとなっている、そんな時代があったのです。

ペルガモンのアクロポリス近景

このペルガモンはまさにその真っただ中にいました。それも、隣り合わせは「サタンの王座」でした。サタンの王座があり、サタンの住むところでキリストの証人が殺される。よく考えたら、これは起こって当然の出来事です。何事も起こらないほうが不思議なくらいです。ペルガモンの教会はサタンの陣営の真っただ中に置かれていたのですから、迫害も殉教も起こって当たり前のことです。私たちは他人事のように「当然のこと」と言えます。でも、自分自身がこのペルガモンの教会のメンバーだったら、どうでしょうか。殉教者が一人出た。信じていることで引き立てられて行って殺された。そんなことに直面したら、教会中、大騒ぎになりそうです。悲しみ、怒り、恐れ。

このアンティパスに家族がいたとすれば、一人ひとりの悲しみは、彼らの信仰はどうだったのかと気になります。殉教、それだけでも十分にショックな出来事です。教会は痛みます。それなのに、主は、その確かな証人アンティパスを失った群れに向かって、「わたしは、あなたが住んでいるところを知っている。そこにはサタンの王座がある」と告げるのです。自分の立つところがサタンの王座の真下です。見上げればサタンの顔がそこにあるのです。主のこの宣告は、この事実を告げる主の声は、大パニックを引き起こしそうです。けれども、これを告げる主の御声はいたって静かです。「わたしは、あなたが住んでいるところを知っている。そこにはサタンの王座がある」とおっしゃいます。殺されたのは、ご自分の民、教会員の一人だったのに、そこでの出来事をわたしは知っている、とおっしゃるだけです。

イエス様は鋭い抜き身の剣を持っての登場でした。戦いに備えての登場でした。そういうことなら、アンティパスが殺される前に、と願わないでしょうか。殉教者が出た後で剣を持っておいでくださっても、戦いの支度をしておいでくださっても……。「主よ、遅過ぎました」と、そんなつぶやきが聞かれそうです。イエス様に「よく信仰を捨てなかった」とほめていただくのも嬉しいことですが、なぜサタンの王座を取り除くために、信仰の友である私たちのアンティパスが殺される前に、おいでにならなかったのですか。なぜ彼の殉教の死を止めてくださらなかったのですか。そんな思いが残ります。もちろん、殉教が敗北などとは私たちは考えていませんし、ペルガモンの教会もそうだったでしょう。殉教は御国への凱旋、勝利だったはずです。「確かな証人アンティパス」と主はあらためておっしゃっています。証人としての死を主自ら見届けてくださっています。いや、それを良しとされたのでした。

主は万軍の主ですから、もしお望みなら、幾千万もの御使いを引き連れて戦いに臨み、すべてを阻止することもおできになります。主が無力で救い出せなかったのではありません。力がなくて、ご自分の民、ご自分の羊を守りきれなかったのでもありません。おできになるお方が、それを許されたのです。迫害を止め、殉教者を救い出すこともおできになるお方です。しかし、そうはなさいませんでした。そこのところにこそ、主のみこころを尋ね求めてもよいでしょう。主の戦いが霊的であることを知っています。迫害も、この地上の死も、キリストにある救いを私たちから奪い去ることはできないのですから。そうです。アンティパスが主の救いをいただいて、永遠の祝福を、御国の祝福にあずかることを止めることができるものなど存在しなかったのです。

そうです。主の戦いは霊的な戦いでした。それならば、この抜き身の剣を持って戦われる主、その主の手にある剣はいったい何のために使われるものなのでしょうか。地上のこの命を守るためでないとするならば、救いの完成のため、御国に至る歩みを導くためとなりましょう。そして、御国への歩みを阻止しようとするサタンとの信仰の戦いを勝利へと導くための剣となるでしょう。主が戦われるこの戦いに私たちも召されています。わきまえ知るべきは、主の戦いは霊的な戦いであるということです。それゆえに、地上の迫害も地上の死をも甘んじて受ける私たちに、主がお与えくださる祝福は、かけがえのないものであるということでしょう。そんなわきまえをもって地上を生きるようにと促す主の抜き身の剣なのです。

「少しばかり責めるべきことがある」

殉教者を出してまで主イエス・キリストに対する信仰を捨てなかったペルガモンの教会です。しかしよくあることですが、外敵に強い者が必ずしも内部にも強いとは限りません。一四節で、「けれども、あなたには少しばかり責めるべきことがある。あなたのところに、バラムの教えを頑なに守る者たちがいる」と内部の弱点が指摘されます。外からの攻撃ならば、だれも見落としません。しっかりと受けて立つものです。けれども、内側に潜む危険には気づきにくいものです。それも、教会の霊的な健全さが損なわれるほどに進んでいれば、気づく者も出てくるでしょう。ペルガモンのような初期の段階では気づきにくいこともあったかもしれません。主は「少しばかり責めるべきことがある」とおっしゃいます。まだ教会の中に大きく広まってはいないようです。病気でしたら、早期発見といったところでしょう。主の目が行き届いています。主がご自分の教会をいつもご覧になっています。ですから、この少しばかりの段階での指摘となります。手遅れにならないうちに、主のお取り扱いをいただくことになります。少しばかりの段階で、早くも主が手を打ってくださいます。教会の大牧者であるお方のお取り扱いとして、ありがたいことです。

けれども、少しばかりではあっても、放っておいてはいけないものでした。

「バラムの教え」

主イエスは、悪の代名詞ともいえる「バラムの教え」という旧約の出来事を用いて、危険を気づかせます。「バラムはバラクに教えて、偶像に献げたいけにえをイスラエルの子らが食べ、淫らなことを行うように、彼らの前につまずきを置かせた」と。このバラムという名前は頻繁に出てきます。すぐ前のユダの手紙でも、「利益のためにバラムの迷いに陥り」（一一節）とありました。金銭に貪欲なバラム。ペテロの手紙第二、二章一五節でも、

「不義の報酬を愛したペオルの子バラムの道」とあります。この時代になっても、バラムといえば、すぐわかりました。危険度ナンバーワン、悪名高き人物でした。このバラムという名前を聞けば、危険がどれほどかということがだれにでも想像がつきます。それほどまでに悪しきことがペルガモンの教会の内部に巣食っていたのでした。バラムはあなたがたの中にある、自分たちのうちにバラムの教えがある、と聞いた教会員も指導者たちも驚いたことでしょう。

このバラムは、バラムとバラクとよく似た名前で混乱のもとですが、民数記二二章以下のところに登場します。バラクがモアブの王様、バラムは占い師でした。王様のバラクが占い師のバラムを招いてイスラエルを呪わせようとするのですが、主の御使いの介入でバラムは呪うどころか、口を開くたびにイスラエルを祝福するのです。結局、王様バラクの企ては失敗に終わります。しかし、その後をたどってみますと、民数記二五章の一～二節には、「イスラエルはシティムにとどまっていたが、民はモアブの娘たちと淫らなことをし始めた。その娘たちが、自分たちの神々のいけにえの食事に民を招くと、民は食し、娘たちの神々を拝んだ」とあります。この出来事の背後に占い師バラムの入れ知恵があったと見ているわけです。イスラエルの民を直接に呪うことはできなかった。しかし、この民を神の祝福から切り離すことはできる。結果として、呪われた状態と同じ状態に陥れることになる。その作戦が「偶像礼拝作戦」でした。モアブの娘たちがその役割を引き受けました。偶像の宮へと人々を招いたのです。招かれるまま、偶像の神々に献げた肉を食べ、娘たちの神々を拝みました。その結果、神のさばきが下りました。イスラエルの会衆の中でバアル・ペオルを拝んだ二万四千人もの人が、主のさばきのもとで死ぬことになります。その結末は民数記二五章九節に記されています。

バラムの教えとは偶像礼拝への罠です。ペルガモンの教会は殉教にも怯みませんでした。しかし、その信仰が、この二番目の教会つぶしの手を食らって、危うくなっていました。サタンの王座のあるペルガモンでの二番目のクリスチャン壊滅作戦はバアル戦法だったのです。正面攻撃には堪えてみせたペルガモンの教会でした。殉教の死さえいとわずに、人々は信仰を守り通していました。けれども、この内側からの攻撃には、危うかったのです。

内側から崩しにかかったサタンの手口でした。偶像礼拝、不品行へと信仰者を誘い出す。そこには、偶像に献げた物を食べても大丈夫、害はない。そんな類の教えがあったのでしょう。誘い出されて、ついには神の怒りのもとに陥れられ、そして、滅びへと落ちて行きます。サタンは自分の手で教会を滅ぼせないとなると、偶像礼拝と不品行の中に身を落とさせて、神ご自身の怒りでこれを滅ぼさせようとするのです。

バラムの教え、このつまずきの石は巧妙なものです。迫害のようにガツンと来れば、しっかりと受けとめます。しかし、姿を変えて危なくないように見せかけ、安心させて内側から崩していきます。これを見抜くには知恵が必要です。適切に対処しないと、教会のいのち取りとなってしまいます。

ここの「つまずきの石」には、おもしろいことばが使われています。もともと、鳥を捕らえる罠に仕組まれていて、鳥がとまるとパチンと外れる仕掛けの餌のついた棒のことでした。餌のついた棒。まさに罠です。偶像礼拝や不品行の罠が、ペルガモンの教会の足を捕らえるために仕掛けられていました。イスラエルの民がかつてモアブの娘たちの誘いに乗って、偶像礼拝、不品行へと落ち込んだように、ペルガモンにも餌のついた罠が仕掛けられていたのです。要注意です。

実際にこの罠となったバラムの教えがどんなものなのかを、注解者たちはさかんに議論しています。教義的には、背後にグノーシス主義的な教えがあるという人たちがいます。つまり、肉体と霊を分けて考えるわけです。そして、霊の救い、たましいの救いさえ与えられていれば、肉体のほうはどうでもよい、たましいの救いは、肉体が何をしようとも大丈夫であり、少しも影響を受けないと考えるのです。これを突き詰めれば、何を食べようが、不品行に走ろうが、たましいは無傷で大丈夫であり、救いは確かということになります。さらに、その域まで達しないと、一人前ではなく、たましいの救いの確信がまだまだ不十分であるとします。そんな類のグノーシス主義的な背景があるとするのです。大丈夫、大丈夫と言っては、妥協させ偶像礼拝に誘い込んでいく罠であるというわけです。

けれどもペルガモンの問題はもう少し違う感じを受けます。もう少し単純に、救いの結果として与えられた自由の誤用、乱用の類ではないかと思われます。救われて律法から解放されている、そこにある自由を誤って用いやすいものです。確かに偶像の神などいないのですから、何を食べても問題はありません。しかしそのことで、偶像礼拝との関係を断ち切れずにいることになります。主は「あなたのところに、バラムの教えを頑なに守る者たちがいる」と言われます。教会の中に、偶像に献げた肉を食べてよいと教え、不品行に誘う人がいること自体が問題なのです。それが特別危険だと意識されていないことが問題でした。

バラム事件と同様に、偶像との関係を切れずにいる間に、偶像礼拝につきものの不品行にはまっていく。こんなかたちでの実践面の誤った生き方がペルガモンに危機をもたらしたとする見方が当たっているでしょう。教理的な理詰めでの戦いというよりも、むしろ不注意の類に端を発し、それが放置されて罠にはまる人が増え出す。それでもまだ教会は手を打たずにいた。それをことさら問題とも思わずに放っておき、事態の緊急さにも気づかずにいたのでしょう。これが新たな教えが入り込んだという教理論争でしたら、もしかしてペルガモンの教会も、あのエペソのように真剣に取り組んだのかもしれません。結局のところ気づかずにいたペルガモンの教会に、主は警戒警報を鳴らしたのです。餌のついた止まり木に下りないように、と。巧みに仕掛けられてくる偶像礼拝の罠に注意せよ、と。

「ニコライ派の教え」

しかしながら、ペルガモンの教会の危機はこれだけではありませんでした。一五節に、「同じように、あなたのところにもニコライ派の教えを頑なに守っている者たちがいる」と、主の警告が続きます。ニコライ派はすでに最初の教会エペソに顔を出しています（二・六）。エペソの教会はニコライ派の行いを憎んでいる、と主に認められています。それなのに、こちらのペルガモンではその教えを奉じているというのですから、一大事です。

このニコライ派はバラムの教えの別名とする意見も注解者の中にはありますが、「同じように」と訳しているので、『新改訳２０１７』はこれを第二波と読んでいるようです。両者は同類でも少し違っていると見たようです。同じところは、バラムがイスラエルを惑わし、背教へと導き、罪を犯させたように、このニコライ派も結果的にペルガモンの教会を背教へと誘い、罪を犯させるということでしょう。違う点は、ニコライ派はより積極的な放縦主義ということになるでしょうか。第一派のバラムの教えを食い止めなかったペルガモンの教会に、第二波のニコライ派が新手として侵入し、事態はよりいっそう危険なものとなったということになります。

その危険を察知してくださって、主イエス自らが、「少しばかり責めるべきこと」という程度のうちに手を打ってくださいました。しかし、こう言われるまでは手を下さずにいたペルガモンの教会です。放っておけば事態は悪くなる一方だったでしょう。ある面で、見事な戦いぶりを見せていたペルガモンの教会です。「わたしに対する信仰を捨てなかった」とまで言われる過酷な状況を乗り切っていました。戦いに耐えるだけの信仰はもっているのです。けれども、生活は全く神の子どもらしからぬ者がいるにもかかわらず、それを放置していました。それは、ごく普通に見られた光景だったからでしょう。殉教まで覚悟できる確かな信仰、主イエスの御名への熱心は立派です。ところが、生活の足もとから破滅が忍び寄っていたのです。

偶像と隣り合わせの毎日を過ごしています。神殿に備えた物の特売日などがあったのでしょうか。食べる、飲む、そんな日常的な出来事の中で「つまずきの石」につまずいているのです。殉教まで強いる迫害には勝ち得て、三度の食事でつまずくとは、「危険は身近にあり」と肝に銘じるべきです。神の子としての自由は聖潔に進み行くためのものとわきまえて歩むべきである、となりましょう。

「だから、悔い改めなさい」

「だから、悔い改めなさい。そうしないなら、わたしはすぐにあなたのところに行き、わたしの口の剣をもって彼らと戦う」と、主はペルガモンの教会に悔い改めを迫られます。まずは、悔い改めを通してこの問題を自分たちで処理しなさい、というのです。主のことばも、「そうしないなら」であって、「そうできないなら」とは言われていないのです。ペルガモンの教会にはまだ自浄力がある、ということなのでしょう。キリストをかしらとするからだなる教会には、みことばと聖霊のお働きを通して、自分を立て直していく力が与えられているのです。

ところで、この「悔い改めなさい」と命じられているのは、だれでしょうか。「彼らと戦う」とはニコライ派やバラムの教えを奉じる人々を指してのことばですから、悔い改めは、「あなたがた」つまりペルガモンの教会の健全な信仰をもっている人々に向けられていることになります。問題を起こしているニコライ派やバラムの教えを奉じている人々に対して直接に悔い改めが命じられてはいないのです。これでは的外れであると思いませんか。けれども、これしか方法がないのです。迷い出ている当人たちはすでに、「悔い改めなさい」と命じられて、「はい」と応じる距離にはいないからです。主の命じる声の届くのは、ペルガモンの教会の健全な信者たちなのです。もともと、教会内の偽の教えや、異端の問題は、教会全体の問題です。誤りに陥っている人たちだけが叱られて悔い改めを命じられ、それで十分かというと、違うのです。もちろん、惑わされ、偽の教えを広めた責任は当人にありますが、これを見て放置していた周囲の人々にこそ、主は「悔い改めなさい」とお命じになるのです。

これが教会のあるべき姿です。自分一人の信仰さえ守っていれば、それで良いと考えていたら、とんでもないことです。確かに、救われたのは一人ずつですが、キリストのからだなる教会の中に、その一部として私たちは導かれていきます。そのからだが一体となった全員が、聖さを目指してキリストの身丈にまで成長していくのです。ですから、からだ全体のことに「知らないふり」をしてはいけないのです。信仰の正しい残りの者たちに「悔い改め」を命じられるのは、からだの健康な部分の力によって、病める部分を癒していくためでしょう。「何もしない」健康な部分は、愛の欠如を問われるべきでしょう。自分の信仰も、その成長も、周囲を支え、仕えるためのものだからです。

このように、ペルガモンの教会に悔い改めを命じる主は、「そうしないなら」と続けられます。そして、「わたしはすぐにあなたのところに行き、わたしの口の剣をもって彼らと戦う」と言われます。主自らが立ち上がられるのです。必要ならば、いつでもご自分の羊の群れを守るために、剣をもって立ち上がる備えをしておられるイエス様です。このままでは、多くの者がつまずき、異端、偽の教えの犠牲となっていくとしたら、それを見逃す、いや黙って見ておられるはずのないお方です。羊のためにご自分のいのちをさえ惜しまず、羊を愛してくださっているのです。「ペルガモンの教会よ。自分で、これを処理しないとなれば、すぐに行く」と言われます。「すぐに」です。脅しのことばでなく、いつでも出動の準備は整っているということでしょう。教会の問題に、非常事態に決して後れを取ることなどない主のお姿です。心強い羊飼いなる主のお姿です。これは嬉しいことです。けれども、まずは自らの悔い改めを求めておられたのです。なすべきことをなすように、と。これに最大の努力を傾けて解決しなさい、と。

「隠されているマナを与える」

さて、このペルガモンの教会に主は最後のことばをかけられます。一七節です。「耳のある者は、御霊が諸教会に告げることを聞きなさい」と前置きして、迫害と誤った教えとの戦いの中にあるペルガモンの教会に、「勝利を得る者には、わたしは隠されているマナを与える。また、白い石を与える」と、二つの約束を与えられます。両刃の剣の出で立ちには、主の厳しさを教えられます。けれども、この約束を二つ並べたご配慮には、主の優しさを覚えます。

ペルガモンの教会の現状は、外には迫害、内には腐敗と厳しい戦いの中です。そんな彼らに向けても「勝利を得る者には」と主は語られます。そうです、彼らは今なお、みことばにとどまり、キリストの約束におり、勝利の歩みを進め行く者たちなのです。永遠の御国、そこを目指している彼らの一歩一歩でした。

そんなペルガモンの教会への「隠されているマナ」は、ペルガモン向けの「特別製」の約束です。そこには、バラムの教え、ニコライ派の教えがある。この世の生き方に妥協した者たちがいる。偶像礼拝につまずき倒れた者たちがいる。そんな彼らの間では、偶像に献げられた動物の肉が食卓を豪華に飾っていたでしょう。主は、勝利を得る者には、「隠されているマナを与える」と言われます。ことさら、このペルガモン向けに「食べ物の約束、祝福」を指し示しておられるのです。隠されているマナとは、キリストにある永遠のいのちのことと理解してよいでしょう。このお方こそ、いのちのパン、天から下って来たパンと名乗る「天よりのマナ」だったからです（ヨハネ六・五一）。巷《ちまた》の偶像礼拝者たちの知らないマナをあなたがたに与えようとおっしゃるのです。

イスラエルが荒野で食べたマナは、約束の地に入ったときには、降るのがやみました。

あのバラム事件も、イスラエルが神様からいただくマナを食べていた荒野でのことです(民数二二章)。それも、荒野の旅が終わろうとするヨルダン川を前にして、もう少しのところにおいてです。イスラエルの民は、主から与えられるこのマナ、荒野での食物を捨てて、偶像に献げた物にひかれました。それを食べ、不品行に陥ったのです。主が日ごとに彼らに必要な糧をお与えくださっていたのに、神よりのそのマナに飽きていたのです。主は、このペルガモンの教会に向けて「隠されているマナを与える」とおっしゃいます。今、偶像に献げた物を食べ、偶像に絡みつく不品行に堕落しているペルガモンの教会です。そんな彼らに、約束の地を前にして、先祖たちが陥った罪から立ち返ることを、「マナ」というとばで指し示していたことにならないでしょうか。偶像から離れなさい、主がお与えくださる、上からの糧で生きなさい、ということでしょう。

御国の全き安息にやがて入るまで戦いは続きます。約束の地に入るまで、このマナは与えられ続けました。とすれば、遠くやがての日に永遠のいのちを、とのこの約束のマナを見るだけでなく、地上にあっての歩み、御国にたどり着くまでにも、主が隠されているマナを約束してくださっている、とも読めてきます。ペルガモンの教会に向けて用意されたマナがあります。地上の歩みをキリストの名を否まずに、しっかりと歩み続けていくために、天上からの糧をもって養ってくださるという主のご配慮があります。

あのバラム事件はいつ起こったかを覚えていますか。イスラエルの民が荒野を旅して、ヨルダン川に到達し、エリコを前にしてです。約束の地にもう一歩というところであの事件は起こったのでした。だとすれば、「今、隠されているマナを与える」との主のことばは、「ペルガモンのこの戦いももう少しだ。もう一歩で、約束の地に入れる。がんばれ！」、そんな主の励ましの声としても聞こえてきます。「隠されているマナを与える。」主が養い育てよう、戦いへの力を与えようとしておられます。「かつての日のように、このマナに目を向けず、偶像に献げられた物にひかれていくという過ちを二度と繰り返してはならない。悔い改めなさい」という声はまさに、「わたしのみことばによって生きなさい。わたしが与える、この隠されているマナを糧として歩みなさい」ということです。そうした勝利への道を主が指し示してくださったことになるでしょう。

「白い石を与える」

そしてこれに加えて、白い石です。二つめの約束です。これは神秘的です。しかも、そこには受け取った者しか知らない新しい名前が記されていました。「新しい名」、「白い石」。注解者たちの想像力をいろいろと掻き立ててきた組み合わせです。多くある、あれやこれやの説明の中で、最もこのペルガモンにふさわしいと思えるものが一つ見つかりました。

それは、公の宴会の場への入場許可証です。入場の切符代わりに使用されていた四角い白い石のことです。特別な催しへの入場券となった白い石には、名前が書かれていたということです。そうなると、これは御国への入場券、許可証となるでしょうか。

もっとも、これが唯一の説明ではありません。いろいろとあります。けれども、そんな石の由来も気になりますが、最も重要なのは、そこに書かれている名前という特別のものでしょう。受け取った者以外は、だれも知らない名前。いったい何が記されているのでしょうか。キリストのお名前ではないかという見方もありますが、それではみんなが同じになってしまいそうです。むしろ、「それを受ける者のほかはだれも知らない」というのは、それぞれに別々の名が記されているということになるでしょう。だとすれば、受取人と関係がある名前ということになるでしょう。

ケファにペテロと名をおつけになった主。その主が、私たち一人ひとりのために名前を用意してくださっているということになります。クリスチャンになって、クリスチャン名をつけたりします。内村鑑三はヨナタンでした。小畑進先生は志門だそうです。しかし、自分がつけた名前ではなく、主がつけてくださるのです。アブラムをアブラハムと呼び、信仰の父へと育ててくださった主。名前はただの記号ではありません。主が用意してくださっていた祝福に繋がっていました。名前をいただく、その人を表すものでした。とすれば、どんな名前が記されているのか、楽しみでもあります。

「それを受ける者のほかはだれも知らない、新しい名が記されている。」主がペルガモンの一人ひとりに向けて、この人にはこの名前をと、特別にぴったりの名を用意してくださっています。主と教会の一人ひとりとの交わりは、こんなに親密なものだったのでした。そして、イエス様のほうから私たち一人ひとりを新しい名前で、そのときに呼んでくださると思うと、嬉しいことです。地上で何十年も親がつけた名前で呼ばれています。けれども、御国に入るとき、新しい名で呼んでくださいます。私たちを完全に知っておられる、いや、私たちを本当に愛してくださっているお方がつけてくださる新しい名なのでしょう。

地上の戦いを戦い抜いて、ペルガモンの教会は天に凱旋して行きました。召された聖徒たちは、どんな名を一人ひとりいただくことになるのでしょう。新しい名をもって迎えてくださる主イエス、ペルガモンの教会へのこの主の思いやりのこまやかさを覚えます。御国に憧れる私たちに、地上の名前とは別に、天の御国向けの名前が用意されているのです。地上でも、「神の家族」となっています。父なる神を慕い求めて、「父よ」と仰ぎ臨んでいます。けれども、神の家族としての新しい名が与えられます。

ペルガモンの教会も、「隠されているマナ」、そして「新しい名」という主のお約束をいただいて、主のみもとに帰って行く楽しみをしっかりとつかんで、その戦いを全うしていったことでしょう。主に愛されて名前を一つ用意していただいている、そんな嬉しさがまた、ペルガモン向けの主のご褒美でした。キリストの名を堅く保ったペルガモンの教会、キリストの名を否まなかったペルガモンの教会、殉教することになってもこれを捨てませんでした。そんなキリストの名を大事にしていた教会に、ご褒美のように「あなたがたにも新しい名をあげましょう」と主が用意してくださっています。それも、上からのマナによって養われつつです。このお約束を手にすることができるようにと励まされています。

キリストの花嫁として聖く整えられつつ御国へと凱旋して行くその時、私たちもそれぞれの名で主に呼んでいただきます。なんとも嬉しい祝福です。私たちもまた、主の御名を否まず、主の御名を愛し、主を愛するものとして、主の御愛に応え続けていきたいと思うのです。

4　ティアティラの教会への手紙

「また、ティアティラにある教会の御使いに書き送れ。『燃える炎のような目を持ち、その足は光り輝く真鍮《しんちゅう》のような神の子が、こう言われる――。

わたしは、あなたの行い、あなたの愛と信仰と奉仕と忍耐を知っている。また、初めの行いにまさる、近ごろの行いも知っている。けれども、あなたには責めるべきことがある。あなたは、あの女、イゼベルをなすがままにさせている。この女は、預言者だと自称しているが、わたしのしもべたちを教えて惑わし、淫らなことを行わせ、偶像に献げた物を食べさせている。わたしは悔い改める機会を与えたが、この女は淫らな行いを悔い改めようとしない。見よ、わたしはこの女を病の床に投げ込む。また、この女と姦淫を行う者たちも、この女の行いを離れて悔い改めないなら、大きな患難の中に投げ込む。また、この女の子どもたちを死病で殺す。こうしてすべての教会は、わたしが人の思いと心を探る者であることを知る。わたしは、あなたがたの行いに応じて一人ひとりに報いる。しかし、ティアティラにいる残りの者たち、この教えを受け入れず、いわゆる「サタンの深み」を知らないあなたがたに、ほかの重荷を負わせない。ただ、あなたがたが持っているものを、わたしが行くまで、しっかり保ちなさい。勝利を得る者、最後までわたしのわざを守る者には、諸国の民を支配する権威を与える。

彼は鉄の杖で彼らを牧する。

土の器を砕くように。

わたしも父から支配する権威を受けたが、それと同じである。また、勝利を得る者には、わたしは明けの明星を与える。耳のある者は、御霊が諸教会に告げることを聞きなさい』」（二・一八〜二九）。

ティアティラという町

三つに分けて取り扱います。まず一八〜二一節です。

「また、ティアティラにある教会の御使いに書き送れ。『燃える炎のような目を持ち、その足は光り輝く真鍮のような神の子が、こう言われる――。わたしは、あなたの行い、あなたの愛と信仰と奉仕と忍耐を知っている。また、初めの行いにまさる、近ごろの行いも知っている。けれども、あなたには責めるべきことがある。あなたは、あの女、イゼベルをなすがままにさせている。この女は、預言者だと自称しているが、わたしのしもべたちを教えて惑わし、淫らなことを行わせ、偶像に献げた物を食べさせている。わたしは悔い改める機会を与えたが、この女は淫らな行いを悔い改めようとしない。』」

ティアティラの遺跡

第三番目の教会のペルガモンの町を流れるカイクス川の東岸の道を上流に進んで行き、しばらくして、南に折れ、低い山並みを越えると、広く肥沃なリュコス川の渓谷が開け、ティアティラの町となります。ペルガモンから八十五キロです。二日の道のりといったところでしょうか。南北に長く走る谷間に開けた町でした。ピリピの町でパウロの語る福音に心を傾けて信じていった紫布の商人リディアが、このティアティラ出身でした（使徒一六・一四）。

そんなことからもわかりますが、この町は、染

ティアティラの遺跡

め物をはじめとして商工業が盛んでした。リディアのように、エーゲ海を渡ってピリピの町にまで販売ルートをつけていた者がいるほどです。よく売れる、質の良いそんな品物が数多く生み出されていたのでしょう。ほかにも、革製品、陶器、そして銅製品など、様々な商工業が発達していました。それにあわせて、同業者の組合、ギルドもよく発達していました。とすると、他の例にもれず、商売繁盛の神々の登場となります。商工業組合の神としては、太陽神アポロンが崇められていました。さしずめ、わが国での夷《えびす》といったところでしょうか。これが、ティアティラの教会が置かれていた町の様子です。

町そのものとしては、七つの教会でも一番目立たないところでした。重要でもなく、知名度も低いといったらよいでしょうか。それでも、そんなティアティラの町に宛てた手紙が一番長いのです。十二節にも及びます。一番初めの大都会エペソの教会への手紙がわずか七節でした。

地方の小さな町の信仰者の群れに、主は確かに目を留めておられます。必要ならと、ことばを尽くして導きを与えてもおられます。ありがたいことです。大都会の教会が人目をひくものです。話題にも上りがちです。しかし教会の尊さは、どこにあるかにはよらず、主のからだなる教会の一部であることです。目立たない地方の町の教会であっても、その尊さは同じなのです。主の温かな守りの御手は、そして主の豊かなご配慮は、少しも割り引かれることなく、いやかえって、問題が起これば、ティアティラのように、ときには他の教会よりもはるかに豊かな取り扱いを受けることになります。都会にあろうと、辺鄙なところにあろうと、大きかろうと、小さかろうと、主の目の行き届かない教会はありません。こんな点も読み取れて嬉しいことです。地方で奮闘している牧師たちにとって、戦いのさなかにある教会にとって、主の目がそこにも注がれて、主の支えが豊かであると、そんな主の身近さを覚えさせられます。

「燃える炎のような目を持ち、足は光り輝く真鍮のような神の子」

さて、このティアティラに「燃える炎のような目を持ち、その足は光り輝く真鍮のような神の子が、こう言われる」と書き送るように命じられました。たいへんきつい主のお姿です。燃える炎のような鋭い目、真鍮のような輝きの足。主のお姿は教会ごとに変わりました。イエス様のこのお姿は、ティアティラの教会へのメッセージをすでに運んでいます。するどい目、すべてを貫き通すまなざしです。教会の隅々まで探られる目です。ティアティラにはこの視線、主の目の鋭さが必要でした。

ティアティラの教会は内部に腐敗をもっていました。内側に大きな問題を抱え込んでいました。教会が抱えるすべての課題を見極め、心の底まで探られるそんなお方の登場となります。それに、光り輝く足です。すべての悪を踏み砕き、敵する者を踏み砕く、権力、力を象徴する主の御足です。さばきの足です。その権威をもって、このお方は「神の子」と名乗られます。「神の子」という称号を耳にするのは、初めてのことです。いや、ヨハネの黙示録の中ではここだけです。神の子、まことの神と自ら名乗って、ティアティラの教会に向かわれます。手紙の長さからも主の熱心さ、取り組みの真剣さが伺い知られますが、この群れに対しては、自ら「神の子」と名乗って、ご自身の神としての権能、力、栄光の姿を示しておられるのです。それぞれの教会に合わせてのお姿というものを考えると、神の子としての姿がことさら必要だったのでしょう。それは、この群れが偽預言者の声に惑わされ、世と妥協し、本当に恐れ敬うべき聖なるお方を見失いかけていたからでした。

「わたしは知っている」

教会が最も必要としているお姿でいつも教会の前に立つ羊飼いなるイエス様です。その主から、教会へのメッセージが語られます。「わたしは知っている」と語り出すのは、他の教会と同じですが、そこに読み取れる内容は実に立派なものです。「わたしは、あなたの行い、あなたの愛と信仰と奉仕と忍耐を知っている。また、初めの行いにまさる、近ごろの行いも知っている」と、主からの賛辞を耳にします。最初の「行い」ということばを、続く四項目の総まとめと取ることができます。あなたがたの愛も、あなたがたの信仰も、あなたがたの奉仕も、あなたがたの忍耐ぶりも、とその具体的な歩みを確かめて、「あなたがたの行いを知っている」と言っておられるのです。

愛といえば、「愛が冷えてしまった」と叱責されていたのはエペソの教会でした。けれども、この田舎町のティアティラは、その点でも合格でした。いや、真っ先に愛が数えあげられています。それがこの教会の最も目立つ特徴だったのかもしれません。何がなくても失ってはならないもの、それは愛の姿でした。それがティアティラの教会にあるのです。続いて信仰です。二拍子揃っただけでも、たいしたものです。さらに奉仕に忍耐と、もう二つ続きます。そして、愛が奉仕に、信仰が忍耐にと繋げて読めます。

愛がある教会で奉仕が盛んであることは、自然な繋がりでしょう。特に、ここでの「奉仕」はディアコニアということばです。英語のディーコン（執事）の語源となるものです。人々に仕える奉仕のことです。カナの婚宴の席にいた手伝いの人々は、ディアコノスです（ヨハネ二・五）。マルタは主の足もとに座りどおしの妹マリアにいらいらしましたが、そのときの「いろいろなもてなし」（ルカ一〇・四〇）がディアコニアです。仕えることです。奉仕です。お手伝いです。もてなしです。やもめを助けて、貧しい者たちに奉仕する、そんな教会の姿がここには見られました。愛の実の具体化でした。

ティアティラの町では組合が盛んだったと先ほど述べましたが、そんな町の仕組みが教会の中でも助け合う、支え合うというかたちになったのかもしれません。しかも、単なる利益のための結びつきであるギルドではなくて、同じ救い主を崇め、同じ父なる神から生まれた神の家族としての繋がりで、支え合い仕え合っているのです。すばらしいことです。そして、もう一組、信仰と忍耐です。信仰あっての忍耐です。すべてを最善に導く摂理の神を信じるからこそ、すべての事柄を忍べるようになります。地上での祝福だけでなく、地上を去った後も、永遠の御国に至る神の約束を信じる信仰があるからこそ、地上のことは何でも耐えられます。そう考えれば、この忍耐もまた信仰の実としての具体化ということになるでしょう。まさに、信仰の働かせどころをわきまえていた実践的なティアティラの教会でした。

そしてもう一言、「また、初めの行いにまさる、近ごろの行いも知っている」です。見事な歩み方です。エペソのような初めの愛を失ったという逆戻りの教会ではなく、前の行いよりも今の行いのほうが良いと言われています。愛においても、信仰においても、奉仕においても、忍耐においても、十年前より、五年前より、いや去年よりも今がさらに前進していると主の目に映っているのです。その歩みがこうとらえられているとすれば、なかなかのものです。キリストに繋がって、一歩一歩確実に成長を続けているティアティラの教会、主のいのちがしっかりと実を結びつつある教会です。

それと同時に、主がずっとこの群れをご覧になっていました。今日初めて見て、「なかなかうまくやっているね」と評価するのではありません。昨日の歩みも知っておられます。その前の日の歩みも知っておられます。いや、このティアティラの教会が産声をあげた時から、主は一日一日の歩みを覚えておられます。その足取りを顧みて、一歩一歩の前進をこうして評価してくださいます。必要な時に少しのぞいて去るのではなく、大牧者イエスご自身が、ずっとこの教会をご覧になっているのです。

私たちの教会も同じように、その誕生から今日まで、いや明日も、主は目を注ぎ、その歩みを気づかってくださっています。そんな主のお取り扱いの中に今あることを覚えさせられます。

主の目の公平さにも気づかされます。実は、重大な罪を抱えているティアティラの教会でした。それでも、その罪の大きさで、他の良いところが見失われてしまうことはありません。確かに、燃える炎のような主の鋭いまなざしです。見るべきものを見て、決して見落とされることはありません。その目は罪の大きさを確かに見届けますが、その一点で人間のすべてを判断することはなさいません。悪いところに気づいても、良いところも冷静に確実に見てくださっています。そんな主の冷静さに安心します。

こうしてほめてくださっている。良いところを一つ一つ数えあげてくださっている。それも、今日は昨日よりもと、その歩みの確かさをほめてくださっている。確かに、叱責への前準備ではありますが、こうして真実な歩みを認めてくださっているからこそ、続く厳しいことばもまた真摯に受け取ることができるのでしょう。二〇節からの叱責で突然、手紙が始まっていたとしたら、どうなるでしょうか。読み手の心は、どう動いたでしょうか。

責めることが数多くあるといっても、主は常にこうして一歩押さえたかたちで接してこられます。主の優しさですし、主の憐れみです。「よくやっているね」と一歩引き寄せて、次のことばに移ります。重大な誤りがある教会をじっと見ていて、それでまず、ほめことばをお語りになります。それゆえ、「牧者の牧者であられるお方」と知るのです。

「あの女、イゼベル」

さて、こんなかたちで主のほめことばをまずいただいたティアティラの教会でしたが、それで終わりだったら、どんなに良かったでしょうか。「けれども」と、次のことばが続きます。「あなたには責めるべきことがある」と。ティアティラの教会の会衆の前で、このことが読み上げられたことでしょう。冒頭の主からのほめことばをうなずいて聴いていた者たちの笑顔は、この「あなたには責めるべきことがある」という一言に消えてしまったでしょう。あのことか、と察しのつく者もいれば、何のことかわからずに首をかしげる者もいたでしょう。お互いに顔を見合わせたり、うつむいたりするなかで、人々の耳に「イゼベル」との名前が飛び込んできます。「あなたは、あの女、イゼベルをなすがままにさせている。この女は……」と。

イゼベルはシドン人の王エテバアルの娘です（I列王一六・三一）。彼女はイスラエルのアハズ王の妃となったついでに、バアル礼拝をイスラエルに持ち込み、これによって民を神から引き離し、堕落させました。そのイゼベルのいわば新約版がティアティラにいるというのです。それも今は野放し状態だと指摘されました。このイゼベルは「預言者だと自称しているが」と言っておられます。肩書きは預言者です。しかし「自称預言者」です。偶像礼拝を生み出す者が、主の遣わされた本物の預言者のはずがありません。主は、「わたしは彼女を遣わした覚えはない」と言われます。「この女は、預言者だと自称している」と、偽預言者であることを主は宣告されます。

けれども、こう指摘されるまで、なすがままの状態であったとは驚いたものです。それゆえ、「あなたには責めるべきことがある」という非難が教会に向けられたのでした。その教えを退けるべきだったのに、イゼベルの術中に完全にはまっていたのです。「わたしのしもべたちを教えて惑わし、淫らなことを行わせ、偶像に献げた物を食べさせている」と。キリストの預言者の顔で居座り、神の羊たちを惑わし、不品行と偶像礼拝へと誘い、偶像の神に献げた物を食べさせて、堕落に導いてきた、と。

これはどうもティアティラの町の組合、ギルドと関係があるようです。商工業組合はその守り神をもっていましたし、組合そのものが偶像とは切っても切り離せない関係で運営されていたようです。当然のことながら、キリスト者になると、これが大問題になってきます。しかも、毎日の生活に関わる問題でした。組合の守り神に献げた物がふるまわれるありがたい宴会に出席しないとすれば、組合の側からの規律も問題になるでしょう。偶像礼拝を拒めば、気まずくなる程度ではすまないでしょう。だからといって、この組合を抜ければ、商売もままならないことになります。組合脱退は自分の首を絞めるようなもので、窮地に立たされることは目に見えています。何とか生き延びるうまい手はないだろうかというところで、イゼベル、預言者、大先生の登場となるのでしょう。偶像礼拝も、神々に献げた物も、すべて大丈夫。こんな都合の良い新しい教えであるとすれば、歓迎されないはずはないのです。

『世の偶像の神は実際には存在せず、唯一の神以外には神は存在しない』ことを私たちは知っています」とコリント人への手紙第一、八章四節が教えています。偶像の神などいないのです。しかし、これを逆手に取れば、どうなるでしょうか。偶像の神などいないから、献げた物を食べても、御利益はもちろんいっさいない。献げる後も前も、同じ食べ物であるから、食べても害はない。こんな理屈が生み出されれば、ここで糾弾されている不品行も霊的な意味での偶像礼拝を通り越して、当時の偶像の宮につきものの性的不道徳もおかまいなしとも読めてきます。文字どおりの「淫らな行い」です。「偶像に献げた食べ物も、信仰に害はない。神の怒りに触れたりしない」と、願ってもない偽の教えが登場します。偶像との問題を解決してくれたことになります。イゼベル主義は実に恐ろしいものです。

もちろん、これを怪しんだ者もティアティラの教会にいたでしょう。愛の点でも、信仰の点でも、主に認めていただいた教会だからです。それでも、イゼベル主義は野放し状態でした。あえて止めに入る者がいなかったのです。これはどうしたことでしょうか。生活がかかっているからと思えてなりません。

信仰を告白しながらも、この世との戦いを避け、妥協点を見いだしていく。イゼベル主義とはそんな生き方の名前と言えるでしょうか。信仰を告白しつつも、キリストのしもべたちの姿を保ちながらも、肝心なところでこの世に対して色好く対応していく。「波風を避けて」です。けれども、主はこれを叱責されました。

いつの世にも、キリストにある者たちは同じところで大きな戦いを続けています。ティアティラの教会だけの問題ではないでしょう。しかし、戦いがいくら厳しくても、いけないことはいけないのです。いつしか自分の都合、立場をキリストにある生き方よりも優先させていくと、イゼベル事件となるのです。主のしもべという立場を伏せ、忘れておいて、世との妥協点を探っていくイゼベル主義が、私たちの心の中にも忍び込んでいないでしょうか。吟味してみましょう。

主は私たちの現状をよくご存じです。ティアティラの町で偶像との戦いを回避したら、どうなるか、献げた物を食べないと、どうなるかもご存じです。けれども、これはいけないと言われます。いや、それだけではありません。「燃える炎のような目を持ち、その足は光り輝く真鍮のような神の子が、こう言われる」と自ら名乗り出て、その解決に乗り出してこられたのです。自ら手を下そうと言われるのです。それでも、「わたしは悔い改める機会を与えたが、この女は淫らな行いを悔い改めようとしない」と、時を与えていました。それで、イゼベルの立場はますます悪くなります。追い込まれることになります。淫らな行いに偶像礼拝と、惑わした罪は大きいものです。それでも、それですべて終わりではありませんでした。主はなおも悔い改める機会をお与えくださいました。赦される道はなお残されていました。「こんな私なんて」と自暴自棄になるのには早かったのです。神に立ち返る道と時間は与えられていました。確かに主は、怒るのに遅くあられるお方です。このイゼベル相手にさえ、時を与えられたのですから。

ところが、与えられた機会が生かされることはありませんでした。それどころか、いっこうに悔い改める様子もありません。主の羊をかえって惑わし、奪い取っていく機会となっているとすれば、主のことばは最後通告となります。主は待って待って、ついにこの厳しいことばを告げられるのです。頑なさのゆえに、「この女は淫らな行いを悔い改めようとしない」と。この部分、文語訳のほうがもう少しはっきりと意味を伝えています。「その淫行を悔改《くいあらた》むることを欲せず」と。ただ単に悔い改めなかったというだけでなく、「欲せず」なのです。望みもしなかったということです。ひどいものです。

「淫らな行い」とは原語ではポルネイアです。文語訳のように、主が忌み嫌われる「淫行」です。ポルノということばのもとになったものです。この女は、恥ずべき淫行から離れて、聖く歩むことを望みませんでした。偶像礼拝、偶像の神など存在しないということではすまなかったのでした。

神は、偶像礼拝に走る民を、「妻が夫を裏切るように、あなたがたはわたしを裏切った」（エレミヤ三・二〇）と責められます。事は重大でした。神の御愛への重大な裏切りとなるのに、意にかけず、これから離れようともしません。そんなイゼベルを内に抱えたティアテイラの教会に、主の叱責の声が続きます。「見よ、わたしはこの女を……」（二二節）。「また、この女の子どもたちを……」（二三節）。本来ならば、この叱責は、イゼベル自身に向けて語られるべきものなのに、「この女を……」とティアテイラの教会に告げられるのです。

異教徒の間に生きるために生まれたイゼベル主義です。生き延びようとの妥協案でした。しかし、主がこれをどうご覧になっているかが今明らかにされました。イゼベルの運命も明らかにされようとしています。さばきについて多くを語らない聖書ですが、ヨハネの黙示録は格別です。審判が語られ、神の怒りが語られます。悔い改めない者へのわざわいが語られます。そのことがメッセージを運ぶのでした。妥協しないで生きていくなど不可能だと言い出しそうな者に向かって、この世との妥協を最も嫌悪すべき淫行とまで呼んで、主はご自分の憤りと、内なる思いを明らかにしておられます。妥協が何を意味するのかを教えます。そして私たちの選択を迫るのでした。いや、選び取るべきものは、わかりきっていいます。ねたむほど私たちを愛しておられる神に従い、このお方に仕えて生きることです。

このイゼベルに対して「この女を」と言われる主の厳しさには、「あなたがたはわたしにとどまりなさい」との主の道を選び取るようにという、みこころの現れを見ることができます。そして、その厳しさの背後には、そこまで私たちを愛し、道を踏み誤らないようにとの警告、正しい道に常にとどまるようにとの促しがあります。私たちへの主の御愛の篤さ、これをこそしっかりと心に受けとめたいと思います。貧しい人たちを憐れみ、食べ物を与え、病のある者を癒し、子どもたちを膝に立たせ、抱き上げておられたお方が、このように徹底して悪をさばこうとしておられます。ティアティラの教会をご自分の花嫁として聖く傷なく、シミもないものとして整え、成長させようとしておられるからでしょう。それゆえの厳しさです。狼や野獣からご自身の羊を守ろうとされる主の真剣な熱心さをこそ、この厳しさの中に見るべきでしょう。

ところで、この「女の子どもたち」とはだれのことでしょうか。イゼベルの実の子どもというのには根拠がなさそうです。それで、これはイゼベルの教えの信奉者たちのこととされます。二二節に出てくる「この女と姦淫を行う者たち」への宣告は、「悔い改めないなら、大きな患難の中に投げ込む」というものでした。ところが、こちらは、「死病で殺す」というのです。一方には、悔い改めが条件ですが、猶予があります。けれども、この「女の子どもたち」には猶予がありません。それで、この「子どもたち」は、霊的な意味での子どもと取れます。イゼベルの教えをすべて受け入れてしまっている人、イゼベルの教えに完全に仕えている人、イゼベルの霊の子たちです。性質も教えも、しっかりと受け継いでいます。それで、首謀者イゼベルと同様のさばきを受けることになるのです。病、それも死病というさばきです。主の目は悪の程度も、しっかりと見ておられます。さばきといっても、すべてが即刻同じもので、というわけではありません。悔い改めれば、救いへと導かれる者もいます。けれども、そんな猶予も許されないほど罪に陥っている者もいます。イゼベルは病の床に投げ込まれます。やがては死に至るでしょう。そして、その子どもたち、つまり信奉者たちも死病で殺されます。

けれども、ひとまわり離れて、うろうろしている者には、なお猶予が与えられています。患難の中で、立ち返れば良いのです。悪にも程度があります。しかし堕落も、主が「もはや許さぬ」というところまで行ってしまったこともありました。このように悪を見抜かれる主の目は厳しいものです。

ところが、その主の目は、良きわざも確かに見届けるものでした。「わたしは、あなたいうことです。「報い」があるということです。悪しきにつけ良きにつけ、報いです。それも「応じて」です。どちらにしても、大目に見てという甘い世界は存在しません。悪を行えば、それにふさわしく取り扱われます。良いわざに励めば、それもまた豊かに報われます。イゼベルの行いを悔い改めないで、続けていれば、それにふさわしい報いが待ち受けているのです。

「一人ひとりに報いる」との主のことばは、慰めと聞こえるでしょうか。警告と聞こえるでしょうか。一人ひとりの行いがその意味を示すものとなるでしょう。しかし、どちらにしても聴かなければなりません。さばきの権能をもつ神の子と名乗るお方、罪を赦す権威ももっておられる神のひとり子の宣言です。

主のさばきの宣告を耳にするティアティラの教会はどんな思いで、これを聴いたでしょうか。自分たちはイゼベル主義という大きな罪を放っておきました。事の重大さをわきまえずに、「病の床に投げ込む」、「死病で殺す」と、さばきの現実を突きつけられて、ようやくわかります。野放しにしていたことが、どれほど重大であったかということを理解するのです。

そもそもティアティラの教会は、この偽預言者イゼベルに対して全く危機意識がなかったのでしょうか。愛と信仰、奉仕と忍耐、その行いを主に認められていながら、この誤りには適切に対処できないでいたティアティラの教会の盲点は、何だったのでしょうか。リルエという聖書注解者がこのように言います。「ロトは、ソドムに住んでいたが、この町の悪影響を受けずにはいなかったし、またしばしば『世に対して開放的であること』は、信仰的怠慢と道徳的堕落への第一歩にすぎなかった」と（ハンス・リルエ『ヨハネ黙示録』聖文舎、一一五頁）。これはティアティラの危うさを指摘することばです。イゼベル主義はまさに世に対して開放的なものでした。何でも歩調をあわせて良かったのです。偶像礼拝も不品行も、疑問を抱かせずに世と調和していきます。相手が堕落した世であっても、です。

「教会は敷居が高い」と言われます。でも、高くて良いのです。門が狭いと言われます。でも、幅が広ければ良いというわけでもないでしょう。むしろ、高い狭いと言われてホッとしてもよいのかもしれません。この世に開放的で同調的で、歩調が合って、入りやすい。それが教会にとって、はたしてベストなのでしょうか。

イゼベル主義は、まさにこの世にも歓迎されそうなキリスト教でした。しかし、それは主のさばきの目にさらされています。主の民として、主の教会として歩むべき道がありま す。この世から切り離されたキリストの花嫁としての聖さを目指すゆえの厳しさがあってよいのです。「イゼベルの行いから離れて、さばきを免れなさい」と主は迫られます。この世に毒されて、主のさばきの御手の中に落ちていくイゼベルとその輩《やから》たちに倣っていくのではなく、むしろそこから贖い出された者として、聖さにとどまるべきであること、それこそが、主がお与えくださっている教会向けのメッセージでしょう。

主はことばを続けられます。「こうしてすべての教会は、わたしが人の思いと心を探る者であることを知る」と。主の鋭い視線は、人々の行いだけでなく、心の奥深くまでも探るものでした。そしてそのことを全教会が知るようになります。ティアティラの教会だけでありません。エペソもスミルナも、二千年を経た今日の教会も、心をのぞく主の燃える炎のような目が、自分に向けられていると知るようになります。向けられているだけでなく、適切に取り扱ってくださる主のみわざも知るようになります。

いかにイゼベル主義がことば巧みに説いて聞かせようと、心をのぞく主はそこに罪ありとなさったのでした。人が決してのぞけない心の思いを探られる主です。心の中まで、丸裸で主の前に置かれている私たちです。だから、赦されること、赦しの約束はありがたいのです。

食前の聖めの洗いにこだわるパリサイ人に主は言われました。「おまえたちは杯や皿の外側はきよめるが、内側は強欲と放縦で満ちている」（マタイ二三・二五）と。

この世に調子を合わせたイゼベル主義は、心の中の思いに端を発していたのでしょう。偶像礼拝に適当な理由をつけて落ちていき、まことの聖い神を崇める礼拝の場から、汚れた偶像の神の前へ行き、安心して、これを崇めるようになっています。そこにはすでに、心の中に始まっていた堕落があったのです。

主は心と思いを探られます。主のまなざしの下で自分を隠すことはできません。「主よ。のぞかないでください」ではなくて、自分の本当の姿を認めて、悔い改め、聖さと正しさを目指していくことこそ、主の思いに応えていくことでしょう。心の中の思いは、自分しか知らないものです。他の人の心の中はなかなかわかりませんが、自分の心の中はわかるでしょう。それゆえ主からのぞかれたらドキッとするでしょう。だからこそ、自分の心は自分で取り扱えます。放っておこうと思えば、放っておけるでしょう。けれども、悔い改めを促す御霊の思いを消すことはできません。心の思いを探られる主がおられます。だからこそ、古い人を懸命に脱ぎ捨てていくのです。

燃える炎のような目、主のまなざしが心に向けられているとすれば、聖さを求めて、「主よ。私を聖めて、新しく造りかえてください」との叫びこそ、必要です。そのために流された十字架の血潮でもあったからです。

「サタンの深み」

さて、「燃える炎のような目を持ち、その足は光り輝く真鍮のような神の子」キリスト、その燃える炎のような目に、ティアティラの教会の姿は、表向きは見事なものでした。行いも立派でした。しかし、彼らの大きな失態があらわにされてきました。主は、その一人ひとりに向けて、何度もどうすべきかを告げ知らせます。「しかし、ティアティラにいる残りの者たち、この教えを受け入れず、いわゆる『サタンの深み』を知らないあなたがたに言う。わたしはあなたがたに、ほかの重荷を負わせない。」

これを聞いて、ティアティラの教会の面々はホッと胸をなで下ろしたことでしょう。先の二〇節での主イエスの口振りは厳しいものでした。「あの女、イゼベルをなすがままにさせている」と叱られました。キリストのからだなる教会が、偽の教え、不品行で汚されていたのに、それを放置していたからです。厳しく言われても当然です。大失態です。それでも、野放しにしていたその責任を問われるのでなく、その偽預言者の問題を主自ら取り扱われたうえで、「ほかの重荷を負わせない」と言ってくださるのです。私たちの羊飼いなるイエス様は、負えない重荷を押しつけて教会を苦しめることなど絶対になさらないお方です。

こう聞いて、ひと安心するとともに、あの教えに惑わされずに良かったと、あらためて思ったことでしょう。「いわゆる『サタンの深み』を知らないあなたがたに」との文字を見てください。偽預言者はここまで大胆なのです。いや、おかしくなっていたのです。

「サタンの深み」とは、イエス様の皮肉ではないでしょう。彼らは神の深みと主張しているが、実はそれはサタンの深みである、というのではありません。文字どおり、自分たちで、自分たちの教えや生き方が『サタンの深み』を知っている」教えであり生き方であると自慢していたのです。そのように吹聴していたのです。罪、汚れから離れて生きる清潔さを誇りとするのではなく、全くその逆です。本物の信仰をもっていれば、「サタンの深み」を知っても大丈夫である、といった教えだったのでしょう。信仰の点で初心者か上級者かを試す試金石となっていたのが、「サタンの深み」なのです。

確かに、たとえば、インフルエンザなら、予防接種をして、体に免疫力を付ければ、感染しても軽くてすむかもしれません。それでも、わざわざ感染してみようとする人はおそらくいないでしょう。悪、罪から救われたからといって、救いの確かさを試すために、サタンの深み、つまり偶像礼拝や不品行に身をさらすでしょうか。そのようにしても、信仰も救いの喜びも微動だにせず、本物の証明をするなどというのは、まさにサタンの罠です。キリストから切り離されて、そこで待ち受けているのは、主のさばきの御手の下に置かれての滅びです。サタンの深みを知っても、このとおり信仰は揺るがないと自慢しているとすれば、それはすでにサタンの罠に陥っているのです。恐ろしい光景です。

「この教えを受け入れず、いわゆる『サタンの深み』を知らない」とすれば、実に幸いなことでした。何か不足していたわけではありません。信仰が足りないわけでもありません。中途半端な救いでもなかったのです。それゆえ主は二五節で、「ただ、あなたがたが持っているものを、わたしが行くまで、しっかり保ちなさい」と命じられるのです。

ティアティラの建造物

「サタンの深み」などに興味をもつ必要はありません。自分の歩みに「これで良いのかしら」と不安がる必要もありません。キリストの福音これ一つで十分でした。今もっている信仰をしっかりと保ち続ける。それで良いのです。新しい教えなど不要です。いや、新しい福音などないのです。新しい福音を求めることは、古いキリストの福音を理解していないことのしるしでしかありません。

「わたしが行くまで」と主はおっしゃいます。このことばに励まされます。一番大切なことです。ティアティラの教会は、鼻歌混じりでは生きられないところに立っていました。偶像礼拝や、偶像に献げた物の問題は、生きていく厳しさと関係していました。商工業組合、ギルドの発達していたティアティラの町です。偶像の神々と縁を切るなどということは、生活の道を断つようなものです。その中でなお生き抜いていくのは、並大抵の戦いではすまなかったでしょう。信仰の戦いそのものが生きる戦いともなるのです。それでも、イゼベルの道、妥協の道ではなく、キリストの燃える炎のような目から避けられない道、選び取るべき道は一つ、主と共に歩む道でした。戦いの日々が始まります。それも、主がお与えくださった信仰のいのちを守っていく戦いです。

ティアティラの教会は、決してうかうかしてはいられませんでした。しかしこういう光景を見ても、ティアティラの教会のような真剣な戦いの中にない、のんびりとしている教会には、「しっかり保ちなさい」という命令の緊張感は伝わってこないでしょう。北風と旅人の話ではありませんが、ティアティラの教会のように大嵐の中で必死に信仰にしがみつくことなく、のんびりムードの中にあるどこかの国の教会では、信仰をうっかり手放しているということもあるでしょう。もっている信仰の大切さまでも、戦いのない日々の中で忘れてしまいそうです。だからこそ、平凡な生活の中での信仰の戦いを注意深くするようにと慎重になるのです。

主が来られるまで、今の確信にとどまりましょう。戦いがどんなに激しくなろうとも、その時に思い起こせるように、この主の戒めを心に刻んでおきたいと思います。平安な日々にあって、信仰の足固めを怠らないように、と自らを戒めたいものです。

「最後までわたしのわざを守る者には」

「わたしが行くまで、しっかり保ちなさい」と、信仰に立って歩むことを励まされて、二六節の約束を耳にするティアティラの教会です。「行くまで」です。地上の歩みが永遠に続くわけではありません。歴史にピリオドが打たれる時が来ます。キリストが来られ、さばきがなされ、新しい天と地へと、神のご計画どおりに救いが完成されていくのです。その望みを抱きつつ、地上に生かされている教会です。しかも戦いの中にあってです。それでも、なお確かな約束と主のお導きのもとで歩めるのですから、案ずることはありません。主は、教会の目を約束へと向けさせ、歩みを正してくださいます。

「勝利を得る者、最後までわたしのわざを守る者には」と、まず約束を受け取る条件が示されます。「勝利を得る者」とのいつも繰り返して聞かれる条件に加えてもう一つ、特にティアティラの教会向けに、「最後までわたしのわざを守る者には」と主はおっしゃいます。ただ勝利を得るのではなく、主のわざを守りつつなのです。ここに、ティアティラへのメッセージが響いてきます。迫害、苦難が予想されるなかで、勝利者となる道は、イゼベル主義の妥協の道ではなく、キリストのわざを守る歩みだったのです。

先に二三節で主は、「わたしは、あなたがたの行いに応じて一人ひとりに報いる」と宣言しておられました。「行いに応じて」とあるこの「行い」ということばも、ここの「わざ」ということばも、同じ「エルガ」です。主は、「あなたがたの行いに応じて一人ひとりに報いる」と言われるのですが、ここでは、「最後までわたしのわざを守る者には」とあります。この二つの行い、わざが一致していたら安心です。私たちのわざがキリストのわざであったら、主の評価も報いも心配ないと言えるでしょう。けれども、私たちのわざがキリストのわざでなく、サタンのわざであり、イゼベル主義のようなこの世との妥協のわざであったとしたら、結果はどうなるでしょうか。それは明白です。

それで、主は「わたしのわざを守る者には」と言われるのです。キリストのわざに倣う者となることです。キリストの歩みをたどる者となることです。それがキリストのわざを守ることなのです。イゼベル主義のような不品行、腐敗、偶像礼拝から全く離れた聖さを求めての歩みです。キリスト者の生活は聖さを求めていく歩みです。勝利者となるティアティラ流の歩みは、まさにイゼベル主義を、世との妥協を避けてキリストのわざに勤しんでいくことで確かなものとなるのです。

「諸国の民を支配する権威を与える」

その勝利者への約束は、「諸国の民を支配する権威を与える」です。この途方もない主のお約束を信じられるでしょうか。ティアティラの人たちは非常に驚いたことでしょう。小さなティアティラの町の住民です。都会から遠く離れた地方で苦闘しているティアティラの教会です。「王権」の約束です。現実の姿はギルドの組合長どころか、組合からもつまはじきされてしまいそうな毎日ですから、大変な違いです。信じられないでしょうか。そう約束してくださる方に、その権威や力がないでしょうか。身に余ると、自分を見て、分不相応と言うのならわかります。けれども、そのような約束を信じ、受け入れるなどとても無理であると言うなら、約束の主《ぬし》への大変な侮辱となるでしょう。主は、この約束を果たす力、権能をおもちなのですから。

そして主は確証を与えようとするかのように、ことばを続けられます。「彼は鉄の杖で彼らを牧する。土の器を砕くように。わたしも父から支配する権威を受けたが、それと同じである」（二七～二八節）と。「同じである」と聞けば、この約束はどうなるでしょうか。父なる神は御子を十字架の死に渡されました。しかしお約束どおり、御子をよみがえらせ、ご自身の右の座に着かせられました。今、現に、父なる神から支配の権威を受けて、それをもっているそのお方が約束し、「同じである」と念を押されるのです。もはや、あり得ないとか、絵空事といった見方は、このお方を知る者にとって不可能でしょう。

しかも、この二七節は、詩篇二篇を背景にもつことが脚注からも明らかです。預言されていたメシアのお姿です。キリストにおいて、その成就を見たのです。確かにお約束どおりになりました。主イエスはよみがえって、天に昇り、今この権威をもっておられます。その主がティアティラの教会に、「同じである」と告げられます。

このティアティラの町は、焼き物、土の器、陶器も盛んでした。自慢の陶器の美しさとともに、そのもろさも知っています。鉄の杖で打てば、簡単に砕け散ることもわかっています。その絶対的な権威を、主はティアティラの教会に与えようと言われます。確かに、現実とかけ離れたお約束です。彼らの地上の生活は、支配、権威の下にあるからです。権威などと無縁のクリスチャンたちです。しかし、その教会が神の御子の権威にあずかれるというのです。神の御子と同じ支配の権能をもつ者となるというのです。この約束は大き過ぎるでしょうか。この祝福が大き過ぎると見えるなら、私たちの信仰が小さ過ぎるのでしょう。

私たちの信仰は、七十年、八十年の地上の人生の幸いのための救いで終わるものではありません。もちろん、罪の赦しも大切な恵みの一つです。神の子どもとされるのは必要なことです。けれども、私たちの救い主がどのようなお方であるかを忘れているのではないでしょうか。私たちの救い主は、復活の主です。神の右の座に着いておられるお方です。

そのお方が約束をし、「わたしと同じである」とおっしゃるのです。私たちはキリストとの共同相続人です。ですから、この支配の権威までもいっしょなのです。ふと思います。いっしょでなかったら、私たちはどうなるのでしょうか。

立場は二つに一つです。いっしょでしょうか。あるいは、支配の権威の下にあるか、土の器を粉々に砕く権威の下で、砕かれる側にあるか、です。私たちに用意されているのは、主といっしょに、という祝福です。そこへ向かう今の道も、いっしょに、です。主のわざにとどまり、主のわざに勤しみつつ、この約束を握りしめて歩み行くのです。

「明けの明星」

「また、勝利を得る者には、わたしは明けの明星を与える。耳のある者は、御霊が諸教会に告げることを聞きなさい。」このことばで、ティアティラの教会への約束は終わります。「明けの明星」とは、空が白み始めるころに、東の空にひときわ明るく輝く金星、ヴィーナスのことです。これを与えるとは何を意味するのでしょうか。

決定的な解説は見当たりませんでした。それだけ今の私たちには理解が難しいということです。けれども、当のティアティラの教会にとって、この約束は心躍るものだったでしょう。それも、置かれた状況が戦いの中というティアティラの教会への主の約束です。そして、とっておきの約束です。人々が最も励ましをいただく要素は何かといえば、明けの明星が権力の象徴であったということから読み取れそうです。すべてのものを支配する権能の象徴となる明けの明星を与えるということになると、二六節で語られた「諸国の民を支配する権威を与える」との約束と重なります。

何も異教徒の考え方に合わせる必要はないし、避けるべきであるとして、この読み方に反対する者もいますが、それだからこそ、ということもあるでしょう。地上の権威の象徴である明けの明星を与えるとは、主の権威がそれよりもさらに高くまさっていることを教えているのです。ローマ皇帝が地上の最高の支配権を握っていても、主が与えようとする者に与えていくとすれば、この約束を通して、約束の主であるキリストの権威、力、栄光へと目を向けさせられるでしょう。そして「明けの明星」。それまでは何ということなく見ていた夜明けの空も、この約束を受け取ってからは、大きく変わって見えたでしょう。ちょうどノアの洪水の後で空にかかった虹がしるしとなって主のお約束を思い起こさせたように、毎朝、ときには、夜を徹しての祈りの後で、明るく輝くこの星が、見る者にこの約束を思い起こさせ、御国の栄光へと召してくださる主の恵みの豊かさを確かめさせるものとなったでしょう。

苦難の中をたどりいく教会に対して、「明けの明星を与える」という約束は、一つの星の輝きに自分たちがたどるべき道をしっかりと結びつけるものとなったでしょう。明けの明星を見るにつけ、自分の家の窓からの時もあれば、迫害の嵐に見舞われて町を追われ、山や荒野で野宿しながらの時も、あるいは牢獄の窓から眺める時も、いずれせよ、「主のわざを守る者」としての歩みを支える星となっていたことでしょう。約束の主がおられ、私たちをご自分と同じ高さにまで引き上げるお方がおられることを思い起こさせ、新たな献身の思いへと導く星となっていたことでしょう。地上から眺める一つの星に、主がご自分の尊い約束を結びつけてくださったのです。私たちが地上を歩むかぎり、これを道しるべとするように、という主のご配慮の現れです。地面に目を落として歩みがちな私たちですが、見上げては、このしるしを確かめて約束にとどまり続けたいものです。

「明けの明星」は、再び来られるキリストへの期待に繋がるものですし、地上はるかに高く、遠く輝くその様は、やがて引き上げられていく約束の世界の高さにも通じるではありませんか。

「耳のある者は、御霊が諸教会に告げることを聞きなさい」

「耳のある者は、御霊が諸教会に告げることを聞きなさい。」最後に主の口から発せられるこのことばをティアティラの教会はどう聞き、受けとめたでしょうか。「聞きなさい」との命令です。聞く相手を定めて耳を傾けよ、というのです。

世には、聞いてはいけない声もあります。肝心な聞くべきこともあります。それを聞き取る耳ですから。ティアティラの教会は、偶像との戦いの中にありました。そして、イゼベル主義という偶像礼拝との妥協案も教会の中に持ち込まれていました。異端の惑わしの声が外からでなく、内側から聞かれ始めていました。まるで「獅子身中の虫」とばかりに、内部から害毒をまき散らす者がいて、わざわいの種が内に根を下ろし始めていました。

ティアティラの教会の人たちは、偽預言者の声と本物の神よりの声との行き交う中に立っていました。しかも、その時すでに、偽の声のほうが優勢となり、野放し状態でした。教会内で聞かれるべき声が聞かれずに、神の羊たちを惑わす偽の羊飼いの声ばかりという有様でした。偶像礼拝を拒み、信仰の戦いを続ける者たちの姿は極端と見られ、時代遅れと評され、ときにはバカ真面目とあざけられもしたでしょう。イゼベル主義者の言う「私たちはサタンの深みを知る者だ」との挑戦的な宣言を聞かされて、自分の立っている信仰の立場が不安になり、内心動揺する者たちもいたことでしょう。そんな中でのこの最後の主のことばです。「耳のある者は、御霊が諸教会に告げることを聞きなさい」と。

私たちが聞くべき声は、これ一つです。御霊の語ることに耳を傾けよ、です。「他のものには耳を貸してはならない」と聴き方を導く主のことばです。他の人たちが何を言っても、神の民にとって歩み行く道は、いつの時代にもただ一つです。一世期末のティアティラの群れも、二十一世紀の今日の教会も、ただ一つの声に導かれて生み出される教会の歴史です。ローマ人への手紙八章一四節に「神の御霊に導かれる人はみな、神の子どもです」とあるとおり、教会が神の子どもの集まりであり、キリストとの共同相続人（同一七節）と言うなら、導きを求めて歩み行くのは御霊の声に従ってとなります。今あらためて、この最後の一言からも、自分たちの立つべきところを確認させられたことでしょう。イゼベルや偽預言者の声に聞く必要はなく、従ってはならない、とうなずいたことでしょう。

世の中には聞いてはいけない声があります。耳にすることも危険な惑わしとなる声があるのです。バニヤンの『天路歴程』の最初の部分に、「クリスチャン」が妻子を捨てて、旅に出る場面があります。こういう場面です。

「伝道者」は、いかにも広々とした野原を指で示しながら言います。「向こうのくぐり戸が見えますか。」「クリスチャン」は言いました。「いいえ。」すると、「伝道者」が言います。「向こうの輝く光が見えますか。」「見えるように思います。」そこで「伝道者」は言います。「あの光から目を離さないで、真っ直ぐにそこへ上って行きなさい。そうすれば、その門が見えるでしょう。そこで、門を叩けば、どうすればよいかを聞けるでしょう。」こうした夢を見て、「クリスチャン」は走り出します。彼が自分の家から駆け出して、まだ遠くへ行かないうちに、妻と子どもたちがそれに気づいて、後ろから戻るようにと叫びます。ところが、「クリスチャン」は指を耳に入れて、「いのち、いのち、とこしえのいのち」と叫びながら走り続けます。このようにして、後ろを見ずに、平原の真ん中に向かって去って行きます。「いのち、いのち、とこしえのいのち」と叫びつつ、耳に指を入れてもなお飛び込んでくる他の声を、自分の声で打ち消して走り続けるのです。

ティアティラの教会も同じです。脇道へと誘う声があります。信仰から引き戻そうとする異端の声があります。偶像礼拝へと誘う声、不品行へと誘う声があります。そんな中でも、聞くべき声があります。御霊が語る声です。「今持っているものをしっかりと保ち続けなさい」という主の励ましの声があります。その主の励まし、約束の御声を耳の中いっぱいにガンガン鳴り響かせて走り行くのです。もちろん、主のみわざを守り行いながらです。

聞くべき一つの声があるとわきまえて、他の声には耳を貸さずに、主のわざをしっかりと守り行い、勝利を目指して歩むのです。主のみもとまで、まっしぐらに。主のお与えくださった約束のしるし、明けの明星を朝ごとに見上げ、約束を確かめつつ、御声に耳を傾けるのです。御国を目指しての歩みを励み行く者でありなさい、という御声に心を留めていきましょう。

5　サルディスの教会への手紙

「また、サルディスにある教会の御使いに書き送れ。『神の七つの御霊と七つの星を持つ方が、こう言われる――。

わたしはあなたの行いを知っている。あなたは、生きているとは名ばかりで、実は死んでいる。目を覚まし、死にかけている残りの者たちを力づけなさい。わたしは、あなたの行いがわたしの神の御前に完了したとは見ていない。だから、どのように受け、聞いたのか思い起こし、それを守り、悔い改めなさい。目を覚まさないなら、わたしは盗人のように来る。わたしがいつあなたのところに来るか、あなたには決して分からない。しかし、サルディスには、わずかだが、その衣を汚さなかった者たちがいる。彼らは白い衣を着て、わたしとともに歩む。彼らがそれにふさわしい者たちだからである。勝利を得る者は、このように白い衣を着せられる。またわたしは、その者の名をいのちの書から決して消しはしない。わたしはその名を、わたしの父の御前と御使いたちの前で言い表す。耳のある者は、御霊が諸教会に告げることを聞きなさい』」（三・一〜六）。

サルディスという町

サルディスの町の説明から入りましょう。ティアティラの町から南南東に約五十キロほど行ったところにあります。古くから幾つかのことで有名な町でした。まずは豊かさという点では、紀元前六世紀にこの町に一人の王がいました。クロイソスという名前の人物でしたが、その大金持ちの王様にたとえて、「クロイソスのように豊かな」という諺《ことわざ》、言い回しが生まれたほどの町でした。そして、毛織物の本場、特に毛織り染めのメッカと言われたのがサルディスです。商業の町でもありました。

その豊かさの反面、ペルシアに征服され、ついでローマの支配下に置かれる、と政治的な面ではもろい町でした。そのように衰退する一方、紀元一七年の大地震の際には、大きな被害を受けても復興し、二六年には元の町並みを取り戻していたと言われます。それから七十年ほど経つと、ちょうどこの手紙がサルディスの教会に宛てられた時代となります。

この町は、自然の要塞とも言うべき小高い丘の上にありました。険しい断崖は敵を寄せつけず難攻不落と見えましたが、先ほど述べたように、ペルシアとセレウコス朝を相手に二度も手痛い敗北を被りました。しかも、二度とも全くの油断からでした。夜この町をうかがいに来た偵察隊は、見張りがいないのを見て取り、まさに油断の隙をついて攻撃し、攻め取ったのです。

こんなところからも、サルディスの町は豊かさの裏側にいつもついて回る倦怠ムードを、昔から引きずっていたことがわかります。この一世期末にも、昔ほどの豊かさはなくても、その気分がまだまだ残っていたでしょう。サルディスという町の様子はこんなでした。

サルディスのアルテミスの神殿跡

丘の一番の高台には、他の町の例にもれず、キュベレー神殿がありましたが、この町ではクリスチャンたちの信仰の戦いは全く語られていません。戦いなどないのです。他の町のような異端者の噂も聞かれませんし、異教徒たちの猛反対の声や迫害の嵐が吹き荒れた様子もありません。ティアティラのイゼベル主義者のような自由奔放な、この世との妥協主義者もいません。一見のどかなこのサルディスの光景です。もう一度繰り返します。

ティアティラのイゼベル主義者のような、この世的な妥協、偶像礼拝・不品行に走る者もいなければ、ペルガモンのような異端ニコライ派もなく、スミルナのような迫害もありません。エペソの教会のような偽教師の災いもありません。サルディスという町は実にパラダイス、クリスチャンにとってこんなに信仰生活を送りやすい町はほかにないように見えるのです。

この町なら、キリスト者たちは十分に目指すほうへと成長できているのではないかと考えますが、「わたしはあなたの行いを知っている。あなたは、生きているとは名ばかりで、実は死んでいる」と主は言われます。「死んでいる」と診断、宣告されるのです。死んだ教会だったのです。キリストの教会が地上に建てられていて、妨害も迫害も、異端の侵入も全くないこと自体が実は異常なことです。サルディスの教会の穏やかさは、いのちが絶えた死の静けさでした。

ヘルムート・フライという注解者は、見事にこう説き明かしています。「驚くべきことには、この教会がサタンによって休息させられているということ、偽りの教師や狂信者や悪い預言者がその中にいないということが問題である。問題は、この教会が死んでいるということである。すなわち、サタンがこの教会を休ませているのであり、ここではすべてのこと――教理、倫理、組織――が秩序づけられている。しかし、これは皆みせかけにすぎない。そこには生命がない」と（『すべてのものの終わり』聖文舎、六一頁）。サタンによって休ませられていた教会とは、なるほどとうなずいてから、ゾッとするでしょう。なぜ他の教会のように迫害、異端、この世に調子を合わせる世俗化といった問題がここにはなかったのでしょうか。死んでいたからです。いのちのある教会をサタンは攻撃するのであって、死んだ教会を脅して迫害してみたところで、死人にむち打つようなものです。全く余計なことです。そのままそっと放っておいてもよいのです。だから、サタンに休ませられている教会なのです。

教会が生きているなら、この世と調子が合うことはありません。問題が入り込んで、悩み、痛み、苦しみがあって当然です。それらがないとすれば、この世にあって何一つ波風を起こさない死んだ教会なのです。教会には、生きて成長する戦い、苦闘があって当然です。硬い殻を打ち破って、この世で大きくなろうとするからです。

「神の七つの御霊と七つの星を持つ方」

それで、このサルディスの教会向けのキリストのお姿が、「神の七つの御霊と七つの星を持つ方」です。この姿が死んだ教会サルディス向けです。死んだ教会をいま取り扱うお姿です。取り扱うといっても、相手は死んだ教会です。これに対する処方箋は二つに一つです。生き返らせるか、そのまま滅びへと向かわせるかです。滅ぼすのであれば、このままにしておけばよいでしょう。手紙を書き送る必要はないでしょう。けれどもキリストはこのサルディスの教会に目を留め、手を打とうとしておられます。死んだ教会を生き返らせるために、このお姿をとられたのです。

「七つの御霊」とは、聖霊です。聖霊をもつお方です。聖霊のお働きとは何でしょうか。いのちを与え、すべてを新しくするのが聖霊のお働きです。死んだ教会にいのちを与えようと、キリストはサルディスに歩み寄ろうとしておられます。

そして、キリストの御手には「七つの星」が握られています。星は教会の指導者たち、特にみことばに仕える者、いわば牧師、監督、長老たちとなります。

主がこの二つ、「七つの御霊」と「七つの星」を持って臨まれるのです。人間の中に働き、新しいいのちに生きる者に造り変えてゆく聖霊と、その聖霊が働かれるときに用いられる「みことば」の奉仕者たちをキリストが握っておられるというわけです。死んだサルディスの教会に必要なものはこの二つです。いのちを失った教会を生き返らせる主イエスの手にある手術道具が、「みことば」と「聖霊」であったのです。

まだサルディスの教会には望みがあります。このお方が見放しておられないからです。外見は生きていて、周囲から見ると、活発で活動的に見えるサルディスの教会でしたが、神の目に映る姿は骸骨でした。青ざめた死人の顔でした。迫害も異端もないということは、決して喜べないことです。戦いがあり、信仰の苦しみがあり、証しの痛みがあってこそ、キリスト者としてこの地上を生きている実感がある、とわきまえたいと思います。そして、このサルディスの教会を「生き返らせよう」と臨まれる主が、私たちの教会にもいのちを与え、キリストの花嫁として成長させてくださっていることを覚えたいものです。このお方を大牧者としているかぎり、拠り頼む私たちは絶望することはない、となるのです。

「目を覚まし、死にかけている残りの者たちを力づけなさい」

単刀直入に、「目を覚まし、死にかけている残りの者たちを力づけなさい」と指示を与えるイエス様です。「あなたは、生きているとは名ばかりで、実は死んでいる」との診断も、開口一番に告げられています。死に直面している教会です。のんびりと眺めてはいられません。すぐにも手を打たねばなりません。この手紙には、そんな手術室の中のような緊張が感じられます。それで、「目を覚ましなさい」となすべきことが告げ知らされるのです。死んだ教会に、「目を覚ましなさい」と言われます。「タリタ、クム」と言って、死んでいる少女の手を取って、起き上がらせたように（マルコ五・四二）、今、いのちを与える聖霊をもつお方が、このサルディスにいのちを与えようとしておられます。本当は死んでいる状態にあると見抜かれたお方が、「目を覚ましなさい」とお命じになります。こう言われなければわからないのです。この主の御声を聞いて、意識を取り戻し、我に返って、初めて自分が死の状態にあったことに気づくという危険な状態にあったわけです。

先に述べたように、サルディスは、自然の要塞とも言える小高い丘の上の町でありながら、二度、敵の手に落ちました。紀元前五四九年に、ペルシアのキュロス王に敗れ、紀元前二一六年、アンティオコス軍の手に落ちました。二度とも、敵に気づかなかったのです。紀元前二一六年の時には、険しい断崖の割れ目づたいに上って来た五名の兵士が城内に侵入し、内側から門を開いてアンティオコス軍の大勝利となりました。安心しきっていて、見張りを置いていなかったためでした。

惰眠の中で滅びた二度の体験。それは、いま、「目を覚ましなさい」と命じられている霊的惰眠の危機を十分に思い起こさせたでしょう。

「目を覚ます」という第一歩を踏んだ者は、死にかけていた自分が危ういところで息を吹き返したことに気づき、次に「死にかけている残りの者たちを力づけなさい」と命じられます。主は、非常に難しいことを命じておられるわけではありません。死の眠りから目覚めたら、今までの分も取り返すほどの勢いで伝道に、証しに励め、というのではなく、身近なことから取り組ませておられます。それも、とても易しいことからです。自分がいま霊の眠りから覚め、目を開けて周囲を見回し、教会がこのまま死の眠りについていてはいけないと気づいたなら、隣の「死にそうな人」を揺り動かし、霊的な眠り、昏睡状態から呼び起こすでしょう。これはすべきことですし、できることです。そばの兄弟姉妹を励まし、主が喜ばれる道に生き直すことを励まし合うように、とイエス様は促されるのです。サルディスの教会では、そんなことがなされていなかったのでしょう。

確かに、何かはなされていました。主は次のところで、「わたしは、あなたの行いがわたしの神の御前に完了したとは見ていない」と告げられます。「行い」がないのではありません。中途半端なのです。人の目からすれば、生きているという評判の教会です。人の目に映る礼拝があり、奉仕がなされるというところでしょうが、神の目からすれば、少しもかなっていないのです。そんな状況でした。

この教会は人々を大いに喜ばせていたでしょう。けれども、神は彼らの行いをお喜びにはなっていませんでした。彼らのなすところは、カインの献げ物とその心のように（創世四・三～五）、主に受け入れられるものではなかったのです。愛も全うされていない中途半端、信仰もほどほどで、奉仕も半ば無理なく、忍耐もいいかげんにとどめておくというのが、サルディスの教会流の生き方となるでしょう。

「行い」はあります。しかし、すべてほどほどでおしまいにします。迫害が起こらない程度に、町の人々との交わりも何ら変わることなく今までどおりにやっています。教会が同好会のようなものになれば、この世の君サタンはこれを迫害して潰そうなどと考えなくてすみます。ほどほどのサルディスの教会なのです。

けれども、「その死の状態から目覚めなさい」と、主はこの教会に臨み、ご自身の御霊を送り、これを揺り起こそうとしておられます。起こしたら、その一人ひとりに「さらに眠っている者を起こして、励まし力づけなさい」と言われます。いのちのある教会の姿は、こうしたところから生まれてきます。囲炉裏の小さな炭火は、周りの灰の中にかき散らしてしまうと、すぐに消えてしまいます。けれども、丁寧に一つ一つ拾って、真ん中に集めれば、お互いに支え合って、熱く長持ちします。死から目覚めた一人ひとりがくっつき合って集まり、その炎を大きくしてゆくことができます。サルディスの教会は、このようにして保たれ育てられていくのでしょう。

集会や祈り会に、姿が一人見えないと、寂しいものです。しかし一人加わると、十人が十一人になっただけで、二倍も温かい気持ちになり、元気づくものです。信仰に目覚めたら、周囲を力づけます。それが繰り返され、目覚めさせる側にまわったり、目覚めさせられる側にまわったりして、成長を遂げていきます。この交わりの背後に、教会の霊のいのちの主、支え主、キリストがおられることを知るのです。

「だから、悔い改めなさい」

「目を覚ましなさい」と主はサルディスの教会に言われますが、瞼で閉じたり開けたりできる二つの目なら、十分眠れば自然と目覚めるでしょう。眠りに落ちそうでも、頬をつねったり、のびをしたり、気を取り直したりと、なんとか打つ手もありますが、霊的な眠りのほうはどうなのでしょうか。サルディスのように、霊的に見ると「死にかけていたり」、「死んでいたり」という状態の場合には、いったいどうすれば目覚められるのでしょうか。霊的に死んでいて、未信者と同じ状態であれば、心をつねったり、叩いたりして起こすわけにもいきません。霊的に死んだ状態であった昔の自分がキリストにあって生きた者となった時のことを思い起こしてみれば、おのずと答えは出てくるはずです。

それで、サルディスの教会に向けて、主は具体的にこう指示されるのです。「だから、どのように受け、聞いたのか思い起こし、それを守り、悔い改めなさい」と。何も新しいものは必要ありません。主の救いが不十分だったために、サルディスの教会は霊的な死の眠りに陥ったのではありません。それならば、原点にもう一度戻ればよいのです。「どのように受け、聞いたのか思い起こしなさい」と主は言われます。救いは何だったたか。十字架は何だったたか。赦しとは何だったたか。それら一つ一つを思い出しなさい、と言われます。

みことばは聞かれていましたし、受け入れられていました。そうです。主は、霊的に堕落し、いのちを失ってしまったサルディスの教会に、自分の手で再出発しなさいと言われたわけではありません。すでに土台は据えられています。彼らはすでにキリストのものとして生まれ、生き、歩んでいました。スタートは確かに切っていました。そこに立ち戻りなさい、みことばの約束をもう一度受け直しなさい、と言われるのです。

「目を覚まさないなら、わたしは盗人のように来る」

戻るところは残っています。こんな死んだ教会になっていても、主はまだ「戻ってきなさい」と招いておられます。かつて活き活きとしていた教会だったというのは、今の姿を責め、非難するものではなく、むしろ今でもまだ、戻ってよい、戻るところがある、という再出発への望みのしるしです。信じていた時があったということ、喜んで主の御手の中に歩んでいた思い出があるということは、主が再び戻ってくるようにと私たちを招いて、いのちの中に戻る入り口を開けているということです。それも、すでにすべてを整えて私たちを迎えようとしておられるということです。再出発のために、私たちが自力で天に上って必要なものを得る必要など全くないわけです。必要なことは、与えられた救いを思い起こし、今悔い改めて、それを再び自分のものとしてゆくことだけなのです。悔い改めて、キリストのいのちの中にしっかりと踏み込み、キリストのいのちの中に足をしっかりとつけて歩み出す、ただそれだけです。

そうしないならば、「目を覚まさないなら、わたしは盗人のように来る。わたしがいつあなたのところに来るか、あなたには決して分からない」という警告が発せられます。「目覚めなさい」との警報が鳴り続けている間に起きるということです。主はただ、今死んでいる状態にある者に「目覚めなさい」と呼びかけているだけでなく、こうした警告を発して、その危険を悟らせようとしておられるのです。開かれた扉は、いつまでもそのままではなくて、やがて閉じられます。そうなると、「いのちに入りなさい」と呼びかけてくださるお方にはお会いできなくなります。その日、目覚めていなければ、「盗人のように来る」と言われる方の「不意」の出現に大慌てし、「すべて遅し」となるのです。主の警告を無視して、洪水の中でいのちを失ったノアの時代の人々のようになります。主が来られる日を知らずに、ぼんやりと主の警告を聞き流していてはなりません。上の空で、いのちへの招きの声を聞き流してはならないのです。いつまでも時があるとのんびりと横たわっていてはなりません。

死の中にあって、なお主の御手に揺り起こされているサルディスの教会であっても、思い起こし、悔い改めるときに、いのちの祝福にあずかることになるのでした。それにしても、こう見てきて、気づきます。なぜ、迫害、異端等の気配が感じられない町なのに、サルディスは死んでしまったのでしょうか。それは、いのちの源である方から「受け、聞いていたもの」を守らず、失ったからにほかなりません。すなわち、みことばです。知らず知らずのうちにいのちを失ってしまったサルディスの教会は、みことばを失い続けて、ついに霊的ないのちを支え保つことができなくなったのでしょう。重々気をつけるべきです。

みことばを失う。耳から聞こえても、心はこれを受けず、何も残らない。どんな教えを受けても、生活に少しも響いてこない。いたずらに耳にたこを作るだけ。いや、耳にたこでなく、心に石を作ると言ったらよいでしょう。いのちを減らして、ついに死に至ります。それがいのちのみことばを失っての結果です。ですから、主は、その歩んできた死への道を逆にたどらせようとしておられるのです。受けていたこと、聞いていたこと、信仰の中身を取り戻しなさい、と。

教会の将来はこの一時にかかっています。教会が十年後に残っているかも、みことばが鍵です。明日の霊的ないのちを活き活きと保つためには、みことばを知って、みことばと真剣に取り組むことです。いのちがかかっているとわきまえて、みことばに生きるとの決断を促されたく願うものです。

「衣を汚さなかった者たちがいる」

「あなたは、生きているとは名ばかりで、実は死んでいる」という恐ろしい死亡宣告を受けたサルディスの教会でした。外見だけは生きています。見かけは活動しています。人々が動き回っています。けれども主イエスの目に映る姿は、霊的には死人、いわゆる亡者の群れのサルディスでした。

ツルゲーネフ作の『されこうべ』の一場面にこうあります。

「光まばゆい、豪華な大広間。――おおぜいの紳士淑女が居ながれる。

どの顔もみなつやつやして、今をさかりと話ははずむ。……さわがしい会話は、さる名高い歌姫のうわさ。口ぐちにたたえる声――女神のような、滅びざる……おお、昨晩《ゆうべ》もあのおしまいの顫音《トリロ》の、なんとみごとだったこと！……

ふいにそのとき、――魔法の杖の一と振りに出あったように――頭という頭、顔という顔から薄い皮がはげ落ちて、――一瞬のまに、ぶきみな白いされこうべが部屋中にあらわれた。むきだしの歯ぐきと頬骨が、青白い錫《すず》いろの光を放って揺れている。

ぞっとしてわたしは見入った。…（中略）…わたしは、自分の顔をなでてみる勇気もなかった。鏡をのぞく気もしない」（『散文詩』岩波文庫、五五～五六頁）。

サルディスの教会も同様でした。晴れ着をつけて勢揃いしている礼拝の光景が、不意に一変して、されこうべとなります。神の目に映っていたサルディスの教会は、亡者の群れでした。

「しかし」と、四節です。「サルディスには、わずかだが、その衣を汚さなかった者たちがいる」とあります。主の目に映る姿も「生きている」、骸骨ではない者たちが幾人かいたのです。死に絶えたかに見えた教会に、しっかりと生きている、しっかりと息をしている者たちがいたのです。サルディスの教会に数個の宝があった、ということです。嬉しいことです。サルディスは全滅ではありませんでした。

「衣を汚さなかった者たち」と主は言われます。サルディスは、毛織物を染める技術で有名でした。布を染めること、きれいな色に染めあげてゆく仕事をしていた者も、教会に多くいたことでしょう。着物の色には、ことさらうるさかったでしょう。

「汚さなかった者たち」が幾人かいる、ということです。他の者は汚していました。どのようにでしょうか。すでに述べたように、サルディスのキリスト者には、ティアティラのイゼベル主義のような不品行、姦淫が広まってはいなかったようです。では、どうなのか。よくある偶像礼拝か。それも問題になっていなかったようです。この「汚れ」は、罪ゆえの汚れと見て差し支えないでしょう。

だれもが罪人です。神の御前で、「自分に罪はない」と言える人は一人もいません。キリスト者であっても、「罪を犯していない」と言えば、「もし罪を犯したことがないと言うなら、私たちは神を偽り者とすることになり、私たちのうちに神のことばはありません」（Ⅰヨハネ一・一〇）とのみことばを突きつけられます。その罪は、直前のヨハネの手紙第一、一章九節にあるように、告白して、きよめていただくことができます。罪は汚れとして残っても、処理する方法がありました。主にある赦しです。キリスト・イエスの血はすべての罪から私たちをきよめてくださるのです（同七節）。

このように考えると、衣を汚した者とは、キリストによって「緋」のように真っ赤だった衣を、真っ白にしていただきながらも（イザヤ一・一八参照）、再びシミだらけにして、放置してしまった者のことと言えるでしょう。そして、衣を汚さなかった者とは、罪など全く犯さなかった者のことではなく、その衣を白く保ち続けた者のこととなります。罪を告白し、汚れをきよめていただいてから白く保っていた者たちです。汚した者たちとは、罪による汚れを放っておいた者たちです。赦しを確かめることなく、汚れをきよめていただくことなく、そのままにして、いつしか霊的に全く麻痺してしまい、ついには自分の汚れにも気づかないままでいる者たちということです。死人となってもわからないでいるのです。衣についた最初のシミは気になるものです。しかし、四つ、五つとつくと、気にも留めなくなります。気にしていられなくなります。汚れが神から遠ざけ、ますますきよさに鈍感になり、いのちを失わせてゆく、といった具合だったのでしょう。

「衣を汚さなかった者たち」は、主によって一度白くしていただいた衣をしっかりときよく保っていた者たちです。難しくはありません。シミがつくたびに洗っていただいていた者たちなのです。彼らに対して、ここでは主が「彼らは白い衣を着て、わたしとともに歩む。彼らがそれにふさわしい者たちだからである」との約束を下さいます。

「白い衣」とはどんなイメージでしょうか。きよさのイメージです。もっともローマでは、勝利の行列には白い衣を着て参加したので、白は勝利のシンボルでもあるようです。けれども、ここでは何といっても、全ききよさでしょう。白い衣を着てキリストとともに歩むのです。この地上で、キリストからいただいた救いの衣を汚さないようにきれいに保とうと、シミや汚れを取り除きつつ歩んできた者には、やがてこの全き白い衣が与えられます。「彼らがそれにふさわしい者たちだからである」と主は言われます。泥まみれの服を平気で来ている者に、真っ白な服は不向きです。すぐに泥だらけにしてしまうからです。しかし、「シミ一つ」を気にして落とそうとしている者たちにとって、真っ白な服は良きプレゼントです。願ってもないものでしょう。

今、何を願って生きているでしょうか。この罪のからだから解放されたいと願って、生きているでしょうか。そんな生き方をチェックされます。やがて白い衣を着て、主とともにに歩むにふさわしく、きよく保とうとしているか、と。

けれども現実に、サルディスの教会には、衣を汚さず、主とともに歩むにふさわしい者は「わずか」しかいませんでした。

サルディスの競技場跡

それでこの四節を聞いて、逆に、自分はふさわしくないという思いに駆られる人も少なくないでしょう。サルディスの「死人たち」はどうだったでしょうか。「彼らこそ、ふさわしい」との宣言を聞いて、自分たちはもう落ちこぼれてしまった、ふさわしくないと決めつけられた感じがしたかもしれません。そんな思いを抱くなら、まだましかもしれません。死人なのに、自分こそ主とともに歩んでおり、歩むのにふさわしいと思い込んでいるとすれば、恐ろしいことだからです。
そんな読み手の気持ち、受け取り方は様々でしょうし、勝手ですが、イエス様はこの四節をどんな思いで語られたのでしょう。衣を汚してしまった者たちを横目で見て、「あの人たちは、あなたがたとは違って、わずか幾なんと出来の悪い者たちよ」と突っぱねて、わずか幾人かのサルディスの教会員を、「あなたがたこそ、ふさわしい」とほめておられるのでしょうか。わざわざ、「衣を汚さなかった者たちがいる」と告げたのは、「汚してしまった者」に不合格の烙印を押し、「ふさわしくない者」と引導を渡すためだったのでしょうか。そうではありません。衣を汚さなかった者たちだけが大切で、衣を汚してしまった他の者のことなど「どうでもよい」というのでは決してありません。死人の群れとなったサルディスの教会に「目を覚ましなさい」と二節で御声をかけ、三節で「思い起こしなさい」と導きの手を差し伸べられたイエス様です。「わずかだが、その衣を汚さなかった者たちがいる」と告げたのは、戻るべき所を示すためでしょう。本来あるべき姿を教えるためでしょう。

主イエスの救いが不十分なのではありません。「汚れ」は赦していただけます。衣をきよく保てます。保っている者が現に幾人かでもいます。主の贖いのわざは完全でした。流された血潮は確かに罪をきよめるものでした。彼らの汚れていない衣こそ、その証拠となります。だからこそ、「わずかだが、いる」と指し示し、「あそこまで戻りなさい」と励まされるのです。「あなたがたも、彼らと一緒に同じところを目指して歩み出していたのではありませんか」と。「望みがある」と教えておられるのです。

死んでいるサルディスの教会でも、主のいのちに生きている幾人かがいる。死からいのちに移され、そのいのちに立ち続けている者がいる。それも隣に。すぐそばに「わずかだが、いる」のです。冷ややかな「されこうべ」でなく、暖かで柔らかな皮膚の感触のある者たちがいるのです。ですから、「目覚めて生きなさい」。みことばに生かされなさい。福音のいのちにふさわしく生きて歩みなさい」という主の激励を、この四節のお心と受けとめたいと思うのです。

「勝利を得る者は、このように白い衣を着せられる」

サルディスの教会に、よみがえりの主は言われます。「勝利を得る者は、このように白い衣を着せられる」と。最後まで地上で霊の戦いを戦い抜き、勝ち進んで、ついに勝利を得た者たちがいただく「白い衣」です。はたして、「あなたは、生きているとは名ばかりで、実は死んでいる」と宣告されたサルディスの教会の中の何人が、息を吹き返して、霊的に再び眠りに陥ることなく、天の主のみもとに凱旋して行くことができたでしょうか。霊的に弛緩し、信仰的に昏睡状態にあるサルディスの教会、「悔い改めなさい」と厳しく迫られた教会も、回復への望みはまだ絶たれていませんでした。

三節に「どのように受け、聞いたのか思い起こしなさい」と命じられています。十字架の赦しに立ち戻り、罪に汚れた衣を洗っていただいて、歩み直せばよいのです。罪を悔いての再出発です。四節にあるように、「わずかだが、その衣を汚さなかった」人々の仲間となり、きよさを保ち続けて歩んで行く。少しのシミ、汚れも気にかけて取り除いていただきつつ歩んで行く。そのように衣のきよさを懸命に考えつつ主とともに歩む者に、「勝利を得る者」として、「白い衣」が与えられるのです。二度と汚れることのない衣です。どんなに真剣に生きても、地上では衣を完全に白くできないとすれば、この白い衣に憧れるのではないでしょうか。罪を犯すことのできないきよさの中にいることに憧れるのではないでしょうか。自分の罪と汚れと不従順さに嫌気がさしていないとするならば、ちょっと心配です。汚れの中にいるほうが居心地が良いとなったら、もってのほかです。「主からいただく白い衣を、夢にまで見るくらいにきよさを求める者でありなさい」と励まされたく思います。

「その者の名をいのちの書から決して消しはしない」

主は続けて、「またわたしは、その者の名をいのちの書から決して消しはしない」と言われます。懸命に励んできよく生きてみたけれども、いざ地上の生涯を終えて天の門にまで行ってみたら、「あなたの名前は残念ながら、ここの戸籍簿には見当たりません。お帰りください」といったことになったらどうでしょうか。けれども、そんなことは絶対にないのです。地上でキリストの花嫁らしくこの世の偶像によって堕落せず、みことばに従って歩み、サルディスの教会であれば、霊的に息を吹き返し、キリストを見上げて歩み出したのなら、その者たちの名が消されてしまっているなどということは決してありません。ここで、「大丈夫、わたしに従ってきなさい。あなたの名は天の戸籍簿にありますよ！」と、主はサルディスの群れを励ましておられます。

それも、ただ書かれているだけでなく、読み上げられ、呼ばれるのです。主は、「わたしはその名を、わたしの父の御前と御使いたちの前で言い表す」と約束してくださいました。「父なる神の御前で、天の御使いたちが見守るなか、私の名を「柴田敏彦」とキリストご自身が呼んでくださるのです。十字架の救いのみわざを根拠としてです。一人ひとりの名が呼ばれます。「総勢百五十名」などと、まとめられて終わりではなく、一人ひとりです。息が止まるばかりに嬉しいことです。プレッシャーに弱い私は、息が止まっているかもしれません。しかし、死もない世界ですから、死ぬことはないわけです。

ところが、ふと思います。本当に、そこに「私」がいるのだろうか、と。もしかして別のところだったら、どうでしょうか。けれども主ははっきりと言われます。「わたしは、その者の名をいのちの書から決して消しはしない」と。戸籍簿に赤い二本の線が引かれ、ペタンと転出などと判子が押されて片づくものとは違います。なぜなら、天地の基の置かれる前から、私たちはキリストのうちに選ばれて、神の子どもとなるようにと定められていたからです（エペソ一・四～五参照）。「いのちの書」には、その時以来、訂正、加筆、消去はありません。「でも、今確かめたい、見たい！」と言っても、無理です。しかし、「決して消しはしない」というイエス様のおことばを信じているのであれば、その必要もないでしょう。なすべきことは、勝利の日を目指して、きよい道を前進することです。

「耳のある者は、御霊が諸教会に告げることを聞きなさい」

主はサルディスの教会にも、「耳のある者は、御霊が諸教会に告げることを聞きなさい」と、御声をかけて、手紙を結ばれます。死人の教会を相手にしてです。霊的にですが、「実は死んでいる」と言われているサルディスの教会です。「死人に口無し」と言うならば、「死人に耳無し」でもあるでしょう。もはや神の声に鼓膜が震えることもなくなった教会です。いったいどのようにして聞くことができるのでしょうか。

昔は聞こえていました。三節に「どのように受け、聞いたのか」とあります。聞こえる耳がありました。けれども、今は死人で、それを失っています。サルディスの教会は、他と異なって迫害も異端もありません。しかし、まんまと敵の術中に落ちています。真の教会のしるしは、みことばと聖礼典でした。どちらかを奪い取れば、教会は壊れます。サルディスの教会は、「みことば」を失っていました。ですから、「思い起こしなさい」と言われているのです。

　サタンは教会を潰すために迫害や異端を用いますが、迫害の中でみことばから信者たちを切り離します。不信仰、不従順な者とします。異端を用いて真実なみことばから切り離します。偽物とすり替えます。サルディスの教会は、気づかないうちに、いのちのみことばをそっくり奪われてしまいました。徐々に死に向かって行き、死人の教会となっていました。そのように、サルディスの教会は、みことばへの耳を奪われたのでした。サタンによって聞く耳を奪われていました。死の状態にも気づかないままに置かれていたのです。

サルディスの神殿の一部を改造した教会堂跡

　ですから救済策が、「どのように受け、聞いたのか思い起こしなさい」でした。どのように受けたのでしょうか。喜びに満ちて、主の救いをいただいたことでしょう。みことばの真実さに心躍らせていたことでしょう。それで、「聞いたことを固く守りなさい。みことばを内にとどめなさい」でした。しかし、今は死人、聞く耳無し、です。そうした教会に向けて主は言われます。「御霊が告げることを聞きなさい」と。そうです。御霊が働いてくださるのです。望みがあるのです。

このサルディスの教会に対するイエス様のお姿を思い出してください。「七つの御霊を持つ方」でした。あらゆる真理へと導いてくださる真理の御霊を遣わしてくださるお方です。心の耳に語りかけてくださるお方です。いや、耳のない者に耳をつけて聞かせてくださるお方です。そして「七つの星を持つ方」でした。七つの星とは、教会の御使いたちであるとあります(一・二〇)。すでに述べたとおり、この御使いを教会の仕え人とするならば、主の手に握られていたのは、教会の指導者たち、牧師、みことばの務めを担う説教者です。主はサルディスの教会の復活のために、すでに備えを万全にしておられるのです。

死人には生きる力がなく、聞く力もありません。しかし、これを生かし、聞かせることを可能にするお方こそ、私たちの主であると知ります。せっかく開かれたこのたましいの耳を大切にしたいと思います。みことばを日ごとにいただけるにもかかわらず、怠惰にこの耳を使わずにいたら、サルディスのように死人になる、と戒め、聞いて生きるのです。それも、きよく白い衣を目指して、決意を新たにしたいと思います。

6　フィラデルフィアの教会への手紙

「また、フィラデルフィアにある教会の御使いに書き送れ。
『聖なる方、真実な方、
ダビデの鍵を持っている方、
彼が開くと、だれも閉じることがなく、
彼が閉じると、だれも開くことがない。
その方がこう言われる――。
わたしはあなたの行いを知っている。見よ。わたしは、だれも閉じることができない門を、あなたの前に開いておいた。あなたには少しばかりの力があって、わたしのことばを守り、わたしの名を否まなかったからである。見よ。サタンの会衆に属する者、すなわち、ユダヤ人だと自称しているが、実はそうではなく、嘘を言っている者たちに、わたしはこうする。見よ。彼らをあなたの足もとに来させてひれ伏させ、わたしがあなたを愛していることを知らせる。あなたは忍耐についてのわたしのことばを守ったので、地上に住む者たちを試みるために全世界に来ようとしている試練の時には、わたしもあなたを守る。わたしはすぐに来る。あなたは、自分の冠をだれにも奪われないように、持っているものをしっかり保ちなさい。わたしは、勝利を得る者を、わたしの神の神殿の柱とする。彼はもはや決して外に出て行くことはない。わたしは彼の上に、わたしの神の御名と、わたしの神の都、すなわち、わたしの神のもとを出て天から下って来る新しいエルサレムの名と、わたしの新しい名とを書き記す。耳のある者は、御霊が諸教会に告げることを聞きなさい』」（三・七〜一三）。

フィラデルフィアという町

「フィラデルフィア」は、六番目の教会のある町の名前です。エペソやスミルナなどと違って、この名前は聞き覚えのあるものでしょう。アメリカの東海岸にも同じ名前の町があります。「フィロ」が愛で「アデルフォス」が友人で、この二つが結びついて、フィラデルフィアとなります。その意味するところは、友愛、友情、兄弟愛です。ローマ人への手紙一二章一〇節に「兄弟愛をもって互いに愛し合い」とあるこの「兄弟愛」が、フィラデルフィアです。友愛、兄弟愛とは良い名前です。実は、このフィラデルフィアには、実在した兄弟エウメネスとアッタロスの友情話が残っています。ことのほか信頼とか忠誠とかを大切にして、この町は兄弟愛・フィラデルフィアと名づけられ、この二人の話が語り継がれてきたことに、この町の気質や気風がよく表れていると言えましょう。

当時の町の様子については知るところはわずかですが、この地方を襲った二度の大地震の被害からまだ十分に回復しきっていない時とされています。ローマ皇帝からの復旧援助に感謝の意を表すために記念碑を建て、ネオ・カイサリアという新しい名前をもらったことからも、復興に取り組む大変な様子がうかがえます。紀元九二年の飢饉《ききん》の際に、ドミティアヌス皇帝が、この町のおもな産業だったぶどう畑を半分に削減せよ、という勅令を出し、穀物の生産を促しましたが、土地が穀物には不向きで十分な収穫が得られず、何の助けにもなりませんでした。フィラデルフィアの町も、その中の教会も生きるための戦いの激しい中にありました。教会はさらに信仰面での戦いを強いられていました。

「聖なる方、真実な方、ダビデの鍵を持っている方」

そのフィラデルフィアの教会に、主はこう言われます。「また、フィラデルフィアにある教会の御使いに書き送れ。『聖なる方、真実な方、ダビデの鍵を持っている方、彼が開くと、だれも閉じることがなく、彼が閉じると、だれも開くことがない。その方がこう言われる。』」　フィラデルフィア向けの主のお姿は、「聖なる方、真実な方、ダビデの鍵を持っている方」と三段構えです。崇めるべき唯一の「聖なる方」であり、絶対に裏切ることなく、信頼できる「真実な方」と名乗られます。このお姿は、教会が今まで信じ仕えてきたお方がどなたなのかを再確認させるものでしょう。私たちの信頼に真実に応えてくださるお方ですから、「今まで歩んできた信仰の道を、さらに確信をもって全うしなさい」との大きな励ましとなります。これらに加えて三番目の「ダビデの鍵を持っている方」とのお姿こそが、フィラデルフィアの教会向けの特別なものです。

「ダビデの鍵」について、イザヤ書二二章二二節に「わたしはまた、彼の肩にダビデの家の鍵を置く。彼が開くと、閉じる者はなく、彼が閉じると、開く者はない」とあります。この「ダビデの鍵」がフィラデルフィアの教会に向けて出てくるわけは、すぐ後の九節で明らかにされます。「サタンの会衆に属する者、すなわち、ユダヤ人だと自称しているが、実はそうではなく、嘘を言っている者たち」が絡んでいるユダヤ教の問題が背後にあったのです。それで、「聖なる方」と名乗り、「真実な方」と宣言し、さらに主ご自身が「ダビデの鍵を持っている方」として、この教会に臨んでおられるわけです。どなたに信頼し従って行ったらよいのか、だれがダビデの鍵を持つ者であるかを明らかにされたのです。

ところで、この「ダビデの鍵」は、何を開け閉めするものなのでしょうか。フライという注解者は、三つの扉を開く鍵として、おもしろい説明をつけています。「それは、神から人の心へ、人の心から神へ、更に、ひとりの人の心から他の人の心へと通じる戸であり、私たちの上と、前と、中とにある戸、天と地ほどにへだたっている世界を互いにつなげる戸である」と（ヘルムート・フライ『すべてのものの終わり』七六頁）。さらに、福音宣教の門という説明もありますが、「ダビデの鍵」といえば、王宮の鍵となりましょう。それをダビデの子であるキリストが手に握っておられるのです。もちろん地上の王宮でなく、御国の王宮の鍵を、イエス様ご自身が持っておられるということです。

これは想像ですが、当時ユダヤ人キリスト者たちがユダヤ教側から嘲られ、悪口を言われ、神の国から程遠い者とののしられることがあったのでしょう。けれども、「鍵」はキリストの手にあります。「わたしが持っている」と主は宣言されるのです。他のだれの手にもスペアキーはありませんから、「彼が開くと、だれも閉じることがなく、彼が閉じると、だれも開くことがない」となります。絶対に他のだれも勝手に開け閉めできないのです。唯一の鍵が主の御手にあります。しかも、聖なる方、真実な方の手に御国の鍵があるとすれば、何の心配がありましょう。だれかに何と言われようとも、このお方への信仰にとどまれば安心なのです。

「わたしはあなたの行いを知っている」

このように名乗り、御国の鍵を示しつつ、主はフィラデルフィアの教会へのことばを続けられます。八節で「わたしはあなたの行いを知っている」と語り出すのはいつもの口調です。これまでの教会と同様に、イエス様はこの教会をもしっかりとご覧になっています。八節後半での「あなたには少しばかりの力があって」と語るのを聞きますと、フィラデルフィアの教会を小さな群れであったと見てよいでしょう。「少しばかりの力」しか持ち合わせていない小さな群れであるとすれば、イエス様がしっかりと見守っていてくださることは安心ですし、ありがたいことです。今、こうして読んでいる者にとっても、これは嬉しいことです。

ところで、一つ前のサルディスの教会の内実を「生きているとは名ばかりで、実は死んでいる」と暴かれた主の目に映るフィラデルフィアの教会の姿は、どんなだったのでしょうか。主は「行いを知っている」と告げるだけで、何もお語りになりません。それがどうなのか、良いのか悪いのか、立派なのか落ち度があるのか、と気になりますが、主は「知っている」とだけ語って、教会への激励のことばに移られます。ということは、行いの内容について語る必要はないということなのでしょう。教会の側でも、「あなたの行いを知っていますよ」と主が語るのを聞くだけで十分なのでしょう。「何をご存じなのですか。

私たちはこんなに苦しみを味わっているというのに！」と、突っかかる者もいないのでしょう。「知られている」だけで、羊飼いであるお方の目が注がれ、その導きの手の中にあると知ることで十分だったのです。

「だれも閉じることのできない門をあなたの前に開いておいた」

主は、フィラデルフィアの教会に真っ先に聞かせたいメッセージをお持ちでした。八節で「見よ。わたしは、だれも閉じることができない門を、あなたの前に開いておいた。あなたには少しばかりの力があって、わたしのことばを守り、わたしの名を否まなかったからである」と、ことばを続けるお姿に、この群れを初めから励まそうし、そのために伝えるべきことへと真っ直ぐに突き進んでおられる感じがします。「ダビデの鍵を持っている方」と名乗られたのは、その鍵を持つ者として、このフィラデルフィアの教会に「わたしは、だれも閉じることができない門を、あなたの前に開いておいた」というメッセージを伝えるためでした。それも、この教会に向けての特別仕立てのものでした。

フィラデルフィアの教会は、「少しばかりの力があって」と言われています。これが教会の現状です。大きくもなければ、強くもない。この世に対して目立つほどの影響力を持つこともなかったのでしょう。いや、世間の評価などに少しも引っかかりもしない存在だったのでしょう。もっとも、世間は教会の信仰の力など、たとえ大きくても、それにふさわしい評価などはしないでしょうが。フィラデルフィアの教会は、その少しばかりの力でしっかりと信仰に立ち続けていました。そして、ことさらに主は「わたしの名を否まなかった」と言われます。この一言で、彼らの戦いの厳しさがわかります。戦いがあり、迫害、苦しみ、誘惑もあるなかで、主の御名を否みませんでした。否んでしまいそうになるのを耐えて、信仰にとどまり続けて得た、主よりのこの評価なのです。苦難の中のフィラデルフィアの教会がしばしば「忍従の教会」と呼ばれる所以《ゆえん》です。

この少しばかりの力で主のことばを守り続けた聖徒たちに対して、「あなたの前に」と、主は「開いた門」を指し示されます。だれも閉じることのできない門です。主ご自身がしっかりと開いておいてくださいます。この世のどんな権力者も、どんな強大な国家も、悪霊どもも、そのかしらであるサタンも閉じることのできない門が開かれています。この門は、海外宣教の盛んな折には、「東方伝道の門」であるなどと説明がついたこともありました。霊的な祈りの門であるとか、キリストご自身のことであるとか、イメージがいろいろと繋がりますが、これはやはり天の御国の門のことでしょう。

その門が今、戦いのさなかにある小さな群れに開かれているのです。人間の目の見るところとはずいぶんと異なります。ときには、世の落伍者の集いみたいに言われるキリスト者の群れです。当時は、安息日ごとにそれぞれの家で、小さな交わりを持っていたことでしょう。世の圧倒的な力の前に、何もできずに、ときとして押し潰されそうな教会に、主は言われます。「あなたの前に、だれも閉じることのできない門を開いておいた」と。

御国の門が開いているのは、このフィラデルフィアのような特徴を持つ「みことばを守り、御名を否まない」群れに対してなのですね。どんなことになっても、キリストのみことばから離れず、御名を否まない。それは、キリストの御名にすべてがかかっているからです。「天の下でこの御名のほかに、私たちが救われるべき名は人間に与えられていないからです」（使徒四・一二）。フィラデルフィア、しっかりと御国への道を踏み外さずに歩んでいる教会の姿を、ここに見るのです。

「少しばかりの力」しか持たない教会でも本物の教会でした。もしかすると、大勢が集う教会が、ふと天を見上げたら「閉じられた門が見える」ということもあるかもしれません。世と妥協して堕落した大きな教会であるよりも、小さくても、しっかりと御国に通じている教会でありたいものです。繰り返しますが、迫害に屈せず、キリストの御名にとどまり続けたフィラデルフィアの教会は、「少しばかりの力」でこれを成し遂げていました。

小さいからとか、弱いからとかは、本当の理由とはなりません。少しばかりの力でしっかりと立っている教会があります。このダビデの鍵と開いた門の約束を、主は、エペソの教会のような大教会への励ましとしないで、フィラデルフィアの教会向けに取っておいてくださいました。「傷んだ葦を折ることもなく、くすぶる灯芯を消すことも」ないお方（イザヤ四二・三参照）は、一つの小さな群れが奪い去られて滅ぼされることのないように、しっかりと守りつつ、開いた御国の門を目指して歩め、と促してくださいます。世の人々には、安息日を守り、奉仕に、献金に励み、ときには出世までも棒に振っているキリスト信者はまことに愚かと見えるでしょう。けれども、彼らには見えていないのです。地上の聖徒らの頭上に開いている一つの門があることを。

人々は、主の名を否まずにコロセウムで羊の皮をかぶらされ、野獣に噛《か》み殺され、松明《たいまつ》替わりに火刑に処せられたキリスト者を見て、驚き、恐れ、呆《あき》れて、なぜと首を振ります。しかし見えていないのです。コロセウムで果てていった人々の頭上に天の御国の門が開いていたことを。

一五九七年二月五日、長崎の町や浜から見通しのよくきく西坂の丘で磔《はりつけ》にされて果てた二十数名のキリシタン。四千人を超す群衆の中に、彼らの頭上に開けていた御国の門に気づいた者があったでしょうか。これは江戸での殉教の歴史にも当てはまるでしょう。主の御名を否まなかったフィラデルフィアの教会という良き先輩を得て、いや、御国の開いた門を示し、「ここに来たれ」と招いてくださる主の御声に聞き従って、信仰の道に励んでいきたく願うものです。

「サタンの会衆に属する者」「ユダヤ人と自称する者」

さて、わずかの力で奮闘する教会にとって、戦いはその力に合わせた小さなものとはいきませんでした。むしろ、小さいからこそ、その戦いは困難なものだったようです。相手はユダヤ人たちです。依然としてユダヤ人たちなのです。ステパノの殉教からすでに六十年、いまだに続いていました。半世紀も昔にパウロを追い回していたように、小アジアのユダヤ人たちはなおもキリスト者たちを迫害していました。このフィラデルフィアも例外ではありませんでした。

そのユダヤ人たちについて、主はこう言われるのです。九節に「見よ。サタンの会衆に属する者、すなわち、ユダヤ人だと自称しているが、実はそうではなく、嘘を言っている者たちに、わたしはこうする」と。主は、「サタンの会衆に属する者」と告げて、彼らの本当の姿を暴露されます。本人たちは「神の民」と自負し、「神の選びの民」と胸を張っていますが、主は彼らを「サタンの会衆」と言われます。相手はサタンの会衆だったのです。同じ神の家族、神の民同士の仲間割れではありませんでした。こう言っていただいて、フィラデルフィアの教会員一人ひとりはホッとし、また、なるほどとうなずいたことでしょう。相手がサタンにくみする者たちならば、戦いがあっても当然で、こうして迫害を受けるのも不思議なことではありませんでした。会堂（シナゴーグ）からは閉め出され、神の国になど入れぬ者として卑しめられていましたが、実際はその逆だったとは。ユダヤ教の会堂に残ったほうが「サタンの会衆」で、出されたほうが「神の会衆」だったのです。

そういえば、この手紙を記しているヨハネ自身が、ヨハネの福音書八章四四節で、主イエスのこんなことばを書き留めています。「私たちにはひとりの父、神がいます」（同四一節）と主張しているユダヤ人たちに向かって言われたものです。「あなたがたは、悪魔である父から出た者であって、あなたがたの父の欲望を成し遂げたいと思っています」と。そして、主は続けて言われます。その理由を、「神から出た者は、神のことばに聞き従います。ですから、あなたがたが聞き従わないのは、あなたがたが神から出た者でないからです」（同四七節）と。

こう主が語られてから六十数年後のこのとき、主のみことばに聞き従わないフィラデルフィアのユダヤ人たちを「サタンの会衆」と主は宣言されます。現代の私たちの世界でも、主の目に映る人類は、みことばに聞き従う者たちとキリストを退ける者たちとの二つに分かれるのです。今は、です。明日、その「サタンの会衆」の一人が、キリストの羊囲いの中に導き入れられるかもしれません。しかし、今、この一瞬一瞬には、信じているか否かで、それぞれどちらかの陣営に身を置いているのです。

フィラデルフィアのユダヤ人たちについて、彼らは、「ユダヤ人だと自称している」と主はさらに言われます。アブラハムの血筋を受け継ぎ、宗教的にもユダヤ人だとしても、ユダヤ人と名乗るのが「嘘」になると言われます。パウロが「外見上のユダヤ人がユダヤ人ではなく、また、外見上のからだの割礼が割礼ではないからです。かえって人目に隠れたユダヤ人がユダヤ人であり、文字ではなく、御霊による心の割礼こそ割礼だからです。その人への称賛は人からではなく、神から来ます」（ローマ二・二八～二九）と教えているのは、まさにこのことです。神から来る誉れにふさわしい、真実のユダヤ人とは、神によって「心」を取り扱われて、新たにされた者たちのことです。ですから、外見上のユダヤ人に固執する者たちに対して、「ユダヤ人」というのは嘘だ、と主は断言されるのです。

これは旧約の時代でも同じでした。神は、心の包皮を切り捨てなさい、と命じておられたからです（申命一〇・一六参照）。そのことがいよいよはっきりした今となっては、外見上のユダヤ人に、主はユダヤ人を名乗らせようとはなさいません。「嘘」と言われます。本当のユダヤ人、神の民は、フィラデルフィアの教会の群れのほうだったのです。

しかし、当の相手はそれを認めようとしません。それで主は、「見よ。彼らをあなたの足もとに来させてひれ伏させ、わたしがあなたを愛していることを知らせる」と続けて語られます。主はだれを愛しておられたのか。あのユダヤ人たちではありません。自分たちこそ、神の選びの民、神に愛されている者、「あなたを苦しめた者たちの子らは、身をかがめてあなたのところに来る。あなたを侮った者どもはみな、あなたの足もとにひれ伏して、あなたを、『主の都、イスラエルの聖なる方のシオン』と呼ぶ」（イザヤ六〇・一四）との約束があり、異邦の民にかしずかれるのは自分たちと自負していたのに、それもまた逆となるのです。彼らこそ、ひれ伏す側にまわるのです。そして、主が本当に愛しておられたのがだれであったかが知らされるのです。自分勝手に、主の恵みと愛のうちにいると思い込んでいた者たちが、「サタンの会衆」と成り下がっていた、と知らされるのです。彼らが迫害していた者たちこそが神の愛と恵みの中にいる者たちであったというのです。本人たちにとっては、大ショックでしょう。

それも、主が、ご自分の力、権力をもって「わたしはこうする」と宣言しておられるのです。人をここまで支配なさるお方です。キリスト者だけでなく、主はその周りの人々まででも確かに支配し、これをひれ伏させると言われます。相手はサタンの会衆です。自分の父であるサタンの欲望を成し遂げようと、キリストにつく者たちを滅ぼすことしか望んでいない者たちがひれ伏すのです。これは、主がなさることです。

そう言えば、今も、この主の「力」の中に守られている私たち一人ひとりではないでしょうか。見回せば、敵ばかりの異教国、ジャパンです。まさに「サタンの会衆」に囲まれて生きています。主が取り扱っていてくださるからこそ、私たちが無事であると知ります。獅子の穴のダニエルのように、サタンの会衆の群れの中にあっての無事は、大きな主の守りがあってのことです。まして隣人や家族が好意的であるとしたら、そこにも恵みと守りをいただいていることに気づくのです。戦いが起きて当然なのに、それがないとしたら、それこそ、「試みにあわせないで、悪からお救いください」(マタイ六・一三)という祈りに答えていただいている日々と知ります。力ある主の守りへの感謝に結びつけたいものです。

「あなたは忍耐についてのわたしのことばを守った」

さて、この苦難の中にある教会に、主は言われます。「あなたは忍耐についてのわたしのことばを守ったので、地上に住む者たちを試みるために全世界に来ようとしている試練の時には、わたしもあなたを守る」(三・一〇)と。主に愛されていたフィラデルフィアの教会に、主のこのことばです。主の御愛の再確認となったことでしょう。

黙示録が書かれた一世紀末、つまりこの手紙がフィラデルフィアの教会に書き送られたころから程なくしての紀元九八年、トラヤヌス皇帝が即位し、キリスト教への攻撃が本腰を入れて始められます。それは、それから一世紀ほど変わることなく続きます。三十年ほど前のネロによる迫害は、ほんの序の口で、単発的で局地的なものでした。しかし今、ローマ帝国、この巨大な国家との命がけの戦いが近づいていました。それがこのときの教会が置かれていた状況です。

主は、「あなたは忍耐についてのわたしのことばを守ったので」と、すでにこの教会が味わった戦いでの忠実ぶりに、まず触れます。これで二度目でした。先に八節で「あなたには少しばかりの力があって、わたしのことばを守り、わたしの名を否まなかったからである」と認めておられました。そして今再び、「ことばを守った」と言われます。教会の忠実な歩みが主の目に留まらないはずはなく、主イエスはこの群れの歩みをしっかりと見守っていてくださいました。

しかも、「忍耐についてのわたしのことば」とあります。特別に「忍耐」と言われています。これは、耐え忍ぶことについての主の教えのことばと読めます。あるいは、「主ご自身の忍耐」について、ゲツセマネで、十字架で、屠《ほふ》り場に引かれて行く羊のように耐えられた主のお姿を教えることばとも受け取れます。どちらにしても同じことです。実際に歩まれた足取りを通しても、また語られたことばをもっても、主は私たちに生き方を示し教えてくださいました。キリスト者が迫害に遭うのは、この世の常、むしろ理であって、純粋に信仰に歩んでいたフィラデルフィアの教会も例外ではありませんでした。「忍耐」

して、今、信仰を保っている彼らだからこそ、主の目に尊いのです。それで、「地上に住む者たちを試みるために全世界に来ようとしている試練の時には、わたしもあなたを守る」と、主は確かな励ましと約束を与えてくださいます。忍耐しても空《むな》しく滅んでしまうという結果には決してならないのです。主がお守りくださいます。

「わたしもあなたがたを守る」

しかも、「あなたは……わたしのことばを守ったので、わたしもあなたがたを守る」と主は言われます。この「わたしも」の「も」は重要な一文字です。つまり、ほかならぬ「われわれが、神のことばを取り扱うように、神はわれわれを取り扱われる」となるのです。ただ一事、私たちがみことばをどう取り扱ったかが決め手です。私たちがみことばを退ければ、神は私たちを同じように退けられます。「わたしも守る」との約束は、私たちがみことばを守ることと密接に繋がっているのです。なぜなら、みことばに従い行くことで、私たちがは闇の子、サタンの手の内の者ではなく、神の陣営に属する者であることを示しているからです。神は、ご自身に従う者を見捨てることのないお方です。それが、少しばかりの力でなされるとなれば、守ってくださるのはなおのこととなりましょう。

そして、今、一嵐乗り越えたフィラデルフィアには、さらに大きな嵐が待ち構えていました。それが全世界規模であるということと、「地上に住む者たちを試みる」ためのものであると告げられます。大きな試練の嵐ですが、キリスト教会をというよりも地上の者たちを試みるものであるということです。この大きな試練によって、地上の住民たちが試みられていきます。どんなかたちのものなのかは不明です。救いを求めて神に立ち返るか、それとも拒み続けるかということが試みられるのでしょうか。

しかしフィラデルフィアの教会は、すべてのものが試みられていくなかで、主に守られていきます。ここに、真の羊飼い、大牧者なるキリストのお姿を見ます。主の声を聞き分けて、ついて行く者たちには、主の守りが約束されています（ヨハネ一〇・二七～二八）。主がお見捨てになるはずはありませんでした。少しの力で踏んばる教会、フィラデルフィアを、主は確かに「わたしの羊」と呼んでくださいます。みことばを守っての忠実な一歩一歩が、やがて来る苦難の日において、確かな主の守りと勝利に結びついていくのです。

もう一度、確かめましょう。主の御名を否まぬ忠実さにとどまり、一所懸命に信仰に励んでいた群れが試練の中をくぐろうとしていました。その中で教会が立ち続けられるかどうかは、強さや大きさでは決まりませんでした。弱くて小さいと倒れるということもありませんでした。強い、大きいで安心ともなりませんでした。主の守りと励ましの中で、教会は立ちゆくのです。少しばかりの力で立つ群れと、これを支えて守ってくださるキリスト。これがフィラデルフィアの教会です。このお方こそが「真実な方」と名乗り、ダビデの鍵を持つお方なのです。「彼が開くと、だれも閉じることがなく、彼が閉じると、だれも開くことがない。」この権威を持つ主によって、小さな教会は、御国への歩みを守られていました。

「わたしはすぐに来る」

苦難の日を前にしての教会に、「わたしはすぐに来る」と主は言われます。この一言に慰めを覚えますか。それとも恐れ、戸惑いますか。「わたしもあなたを守る」との約束を思えば、「わたしはすぐに来る」との御声は、苦難の中で主を待つことになる彼らにとって、どんなにか慰めと励ましを与えるものと響いたことでしょう。地上の教会の皆が、同じように主をお迎えするわけではありません。あのエペソの教会に対しては、「悔い改めないなら、わたしはあなたのところに行って、あなたの燭台をその場所から取り除く」(二・五)と警告し、ペルガモンの教会に対しては、「悔い改めなさい」と語ったすぐ後に「そうしないなら、わたしはすぐにあなたのところに行き、わたしの口の剣をもって彼らと戦う」(二・一六)と宣言し、サルディスの教会に対しては「わたしは盗人のように来る」(三・三)と告げられました。「わたしはすぐに来る」と言われるのは同じ主ですが、これを受け、迎える教会の様子次第でそのお姿が、突然教会を訪れるさばき主となり、口から鋭い両刃の剣を牙のように出して（一・一六参照）、これに挑むお方とも変わります。迎える相手の教会の姿一つで、主はどのようなお姿もとられるのでした。

「自分の冠をだれにも奪われないように」

はたして、苦難の中のフィラデルフィアの教会は、どんなお姿の主にお会いすることになるのでしょうか。主は言われます。「あなたは、自分の冠をだれにも奪われないように、持っているものをしっかり保ちなさい」と。やはり、慰めの主のお姿でした。「主が来られる」その日その時、フィラデルフィアの苦難の時は終わります。その時まで持ちこたえたなら、栄冠をいただくものとして神の国に迎え入れられます。ここには、人々を恐れおののかせる主のお姿はありません。「よく耐え忍んできましたね」と、すべての重荷を下ろさせ、冠を、御国の民としての栄誉を与えてくださいます。優しく両手を広げて私たちを迎え入れてくださるお方の姿を見るのです。

ただし、「自分の冠をだれにも奪われないように、持っているものをしっかり保つ」ことが条件です。主はそのために先の一〇節で、試練の時には「あなたを守る」と言ってくださいました。主はフィラデルフィアの小さな群れを、そのふところにしっかりと抱いて、試練の中を守り通してくださいます。約束は確かです。しかし、今「持っているものをしっかり保つ」ことが必要なのです。

「冠」といえば、この小さな町にも劇場や、競技場があって、祭り、競技も盛んでした。

フィラデルフィアの聖ヨハネ教会跡
（4 世紀に建てられたもの）

そこでの冠は、黄金のものではなく、月桂樹のリースのような栄冠のことです。「勝利の栄冠」です。「これを奪われてしまわないようにしなさい」と主は言われます。この勝利の栄冠、信仰の栄冠を失ったら、永遠の死、滅びとなります。「冠を奪われないように、今の立場にしっかりとどまり続けなさい」と主は言われるのです。「これまで賢明に守ってきた信仰、みことばを守り、キリストを否まなかった生き方を保ち続けて、冠を失うことがないようにしなさい」と主は言われるのです。今持っている「信仰」で勝利の冠に至ります。冠が奪われるか奪われないかは、今持っているこの信仰を、これからどう保っていくかで決まります。あのエサウのように、一杯の煮物で長子の権利を売り渡した者のようにではなく（創世二五・二九～三四参照）、せっかくいただいている信仰を大切に管理して保つことで、冠に至るのです。

主が来られるその時まで、しっかりと持っているべきものは信仰です。今信じていることも大切です。しかし、明日も信じ続けていくことで、冠に至ります。「昔は……」では通用しません。主が来られたその日その時、私たちがどうであるかで決まります。「若いころ信じていたので、ご配慮ください」とはいきません。『十二使徒の教訓』という書には、「最後の時にあなたがたが完全にされないなら、あなたがたの信仰のすべての時もあなたがたの役に立たない」（荒井献編『使徒教父文書』講談社文芸文庫、三九頁）とあります。確かに、その時に信じていないなら、今、昨日、信じていたことが何になるでしょうか。キリストの来られるその日まで、最後まで、いただくべき冠をだれにも奪われないように、今持っているものをしっかり保つことです。信仰の忍耐こそが勝利への道なのです。

「わたしの神の神殿の柱」

冠を示しての励ましに続けて、一二節に「わたしは、勝利を得る者を、わたしの神の神殿の柱とする。彼はもはや決して外に出て行くことはない」と、復活のキリストはフィラデルフィアの教会に約束をお与えになります。小さな群れでした。戦いも激しかったが、一所懸命の教会でした。その教会に「勝利を得る者を」と、最後まで忍耐して信仰を守り通すように勧めて「神の神殿の柱とする」との約束を差し出されます。

とはいっても、この約束と結びつくのは、地震で倒れるような地上の神殿ではありません。「勝利を得る者」は地上の戦いを終えて、天に凱旋した者たちですから、天上界の神殿の柱にたとえられていることになります。さらに、天上界の神殿とは神ご自身と子羊イエス様のことですから（黙示録二一・二二）、この約束は主ご自身の一番そば近くに召してくださるということでしょう。

ユダヤ人の会堂から閉め出されていた教会にとって、このお約束は、神の神殿を自分たちの場所としていただいたことを示しています。会堂を追い出されても、未練を残すことなどありません。

さらに、「決して外に出て行くことはない」とのことばには、地震の多いフィラデルフィアの住民のことですから、永久の安心を約束として受け取ったことでしょう。グラッと来ても、慌てて飛び出すことはありません。安心してそこにいなさい、となります。もちろん、それは神様との関係の確かさです。二度と切れない恵みの中にいるのです。このお約束が、あのエペソの教会でなくて、このフィラデルフィアの教会に与えられたのです。

少しばかりの力での懸命な群れにこそ、このすばらしい約束を取っておいてくださる主のお心遣い。私たちの主イエス様は、こういうお方なのです。

「わたしの神の御名」「新しいエルサレムの名」「わたしの新しい名」

しかも、これだけで十分と思われるのに、さらに三重の名をもってこの群れを励まされます。目指すところをしっかりと見つめて、一人も足を踏み外すことなく信仰を全うするように、との主のご配慮です。

「わたしは彼の上に、わたしの神の御名と、わたしの神の都、すなわち、わたしの神のもとを出て天から下って来る新しいエルサレムの名と、わたしの新しい名とを書き記す」と主は告げられます。

まずは、「わたしの神の御名」です。父なる神の名がしっかりとサインされます。神のものであるという宣言です。人気歌手や野球選手にサイン帳でなくてTシャツなどにサインをしてもらって大喜びをする若者たちを見ます。この時、私たちはいったいだれのサインを受けるのでしょうか。この身に神のサインです。天と地を創造されたお方のサインです。どんな気持ちになるか、想像もできないほどです。

さらにもう一つの名、「神の都、エルサレムの名」をいただきます。私たちの永遠の住まいは、やがて天から下って来る新しい都エルサレムであるということを確かなものとします。これもやはり、勝利を得て天に凱旋した者への約束です。地上を離れて、天に迎え入れられるとき、私たちに書き込まれる新しいエルサレムの名前です。永遠の住まいとなる新しいエルサレムの市民であることの消えることのない保証となります。

これら二つの名前に加えて、もう一つあります。「イエスの名」です。それが「わたしの新しい名」とありますから、私たちがまだ知らない名前です。これが書き加えられます。この「新しい名」をいただくことは、どんな意味を持つのでしょうか。私たちは昔の名ならば、もういただいています。「イエス・キリスト」です。しかし今度は新しい名前です。それは、キリストご自身をもっとはっきりと知り、交わりの中に入れていただくということでしょう。名を記すとは、自分を明らかにすることだからです。今はおぼろげにしか見ていないお方を、ますますさやかに知ることになります。もちろん、キリストの名を記されるとは、キリストのものであることを意味するのは言うまでもありません。

さて、この三つの名前は、お気に召しましたか。このように別の名前ばかりを書き込まれて、自分の名前はどうなるのだろうかと心配になる方がおられませんか。けれども、ここが主を信じる者たちの行き着くところなのです。確認するかのように記されるのは、自分の名前ではなく、父なる神の名であり、この世の都の名前ではなく、新しい都エルサレムの名前です。そして、私たちの救い主なるキリストのお名前なのです。

よくよく自分が何なのか、何だったのかを、こうした約束から考えさせられます。「柴田敏彦」という名で呼ばれ、自分でもこれを名乗って生きています。しかし、フィラデルフィアの教会が勝利を得て、天に凱旋するその時、教会員一人ひとりに、神の名が記され、天のエルサレムの名が記され、重ねてキリストの新しい名が記されます。この地上での名前など、どんなに有名で、世界中に知れわたった名前であろうと、それがもはや全く通用しない世界がここにあります。そこでは、神の名が記され、キリストの名が記されて、神の都の名が記されます。これらの代用となる名前は地上にはありません。

いや、天に戻ってからでなく、すでに今、地上で私たちは聖霊による証印を押されています（エペソ一・一三）。地上では旅人、寄留者を自認していますし（ヘブル一一・一三参照）、キリストの名を帯びてキリスト者、クリスチャンと呼ばれています。これが地上だけのものでなく、永遠のものに通じていたことを知って、今の大切さを覚えさせられます。

それにしても、「自分が、自分が」ということの世界が、「自分が」となったり「神が」となったりで揺れ動く地上の生き方が、天の御国では、「神の名が」、「キリストの名が」、「神の都エルサレムの名が」という神一色の世界に変わります。ここを目指して、ますますきよく整えられていきたいと思います。「神に御栄えあれ」との世界を目指してです。

それもこれも、キリストの礎の上に立てられた「神の神殿の柱」とされる恵みの祝福ゆえであると、十字架のみわざをほめたたえたいと思います。

「耳のある者は、御霊が諸教会に告げることを聞きなさい」

主イエスのこのことばでフィラデルフィアの教会宛ての手紙が終わります。「あなたには少しばかりの力があって、わたしのことばを守り、わたしの名を否まなかったからである」と、信仰の戦いぶりが紹介された教会でした。少しばかりの力でしっかりと立っていた教会でした。それも、この群れは、主の称賛に値するほどに模範的な足取りを残していたのです。「少しばかりの力」ででも歩めると、後世の教会に教え、見習うべき先輩教会となりました。

「わたしのことばを守り、わたしの名を否まなかった」と、第一級の忠実さが認められた教会に対する主の最後のことばは、「耳のある者は、御霊が諸教会に告げることを聞きなさい」と、いつものとおりです。エペソやサルディスの教会に対するものと同じです。何の違いもありません。立派に、忠実に歩んでいるこのフィラデルフィアに対してです。ほかとは違って、このような指示などなくてもやっていく教会でしょう。「御霊が諸教会に告げることを」と命じられる前から、主のことばを守り通してきたのです。それでも、主はこの教会にも同じことばを告げられました。そうなのです。主の目に申し分なく歩んでいる教会でも、主の教会の歩み方は同じなのです。御霊の声に聞くことです。聞き続けることです。豊かな約束をいただいたフィラデルフィアの教会です。けれども、どんなにすばらしい御国の約束でも、そこにたどり着けない者には無縁のものとなってしまいます。たどり着くための近道はありません。みことばに忠実なこの教会にとっても、地道にさらにみことばに聞いて歩み続けることが大切でした。約束に至る道こそ、「耳のある者は、御霊が諸教会に告げることを聞きなさい」なのです。約束のすばらしさに心躍らせつつも、その歩みはみことばから決して離れない堅実なものであるように、との教えを聞き取ることができるでしょう。

それに、もう一つ、フィラデルフィアの教会ならば、耳をそばだてて聞いたのではないかと思えるのが、「神の都、すなわち、わたしの神のもとを出て天から下って来る新しいエルサレムの名」を書き記す、というお約束です。すでに、紀元一七年の大地震からの復興に際して受けた援助を記念して、ネオ・カイサリアと改名し、さらにヴェスパシアヌス帝の時には、フラヴィアという別の名をもらっていました。援助者となった皇帝の名がつけられた町、フィラデルフィアの教会に、今度は、神の都、新しいエルサレムの名が書き記されるのです。

「我らは、地上の王に助けを求める者にあらず」との思いを抱いたことでしょう。皇帝の名ではなく、神の御名が書き記されるという約束は、まさに、神にこそ従い行く信仰の従順を促し、支えるものであったことでしょう。それに加えて、キリストの新しい名も書き記されるのです。友情を尊ぶ気風のフィラデルフィアの教会に、それこそ「友の中の最高の友」として、イエス様は「聖なる方、真実な方、ダビデの鍵を持っている方」と名乗られました。

「人が自分の友のためにいのちを捨てること、これよりも大きな愛はだれも持っていません。わたしが命じることを行うなら、あなたがたはわたしの友です」（ヨハネ一五・一三〜一四）。このお方のみことばに聞く。みことばを聞いて、それを行う。みことばに歩み、生きる。こうして、イエス様が、いのちを捨てて、開けてくださった門に入って行く私たちなのです。少しばかりの力での歩みを支えてくださる主を覚えて、精一杯に、日ごとの信仰の歩みを全うしたく願うものです。

7　ラオディキアの教会への手紙

「また、ラオディキアにある教会の御使いに書き送れ。『アーメンである方、確かで真実な証人、神による創造の源である方がこう言われる――。

わたしはあなたの行いを知っている。あなたは冷たくもなく、熱くもない。むしろ、冷たいか熱いかであってほしい。このように、あなたは生ぬるく、熱くも冷たくもないので、わたしは口からあなたを吐き出す。あなたは、自分は富んでいる、豊かになった、足りないものは何もないと言っているが、実はみじめで、哀れで、貧しくて、盲目で、裸であることが分かっていない。わたしはあなたに忠告する。豊かな者となるために、火で精錬された金をわたしから買い、あなたの裸の恥をあらわにしないために着る白い衣を買い、目が見えるようになるために目に塗る目薬を買いなさい。わたしは愛する者をみな、叱ったり懲らしめたりする。だから熱心になって悔い改めなさい。見よ、わたしは戸の外に立ってたたいている。だれでも、わたしの声を聞いて戸を開けるなら、わたしはその人のところに入って彼とともに食事をし、彼もわたしとともに食事をする。勝利を得る者を、わたしとともにわたしの座に着かせる。それは、わたしが勝利を得て、わたしの父とともに父の御座に着いたのと同じである。耳のある者は、御霊が諸教会に告げることを聞きなさい』」（三・一四～二二）。

「アーメンである方、確かで真実な証人、神による創造の源である方」

七つの教会への最後の手紙となります。一つ一つの群れの必要に応じてぴったりのお姿で登場された復活の主キリストでした。ラオディキアに向けては「アーメンである方、確かで真実な証人」と名乗られます。このことばを聞いて、どう思われるでしょうか。まさか、ラオディキアの教会がアーメンでなく、確かでなく、真実な証人でなかったからなのではないか、と心配します。案の定、主のお姿とはまるで反対のラオディキアの教会の姿が見えてきます。

ラオディキアは、先のフィラデルフィアからは約六五キロメートル南東に位置します。ペルガモンから南に地中海の町アタリアまで走っている有名な街道沿いの町でした。豊かな商業の町です。毛織物と薬、それも目薬で有名な町でした。その豊かさは、紀元六〇年の大地震の際には、帝国からの復興援助を断って、自力で町を再建したほどです。自信と

ラオディキアの大通り

誇りに満ちた町、ラオディキアです。

　教会の姿もまた同じだったようです、一七節に「自分は富んでいる、豊かになった、足りないものは何もないと言っているが、実はみじめで、哀れで、貧しくて、盲目で、裸であることが分かっていない」とあるように、本人たちは胸を張って自信満々に生きています。しかし、人の目ならぬ、神の目に映った自分の姿を知らずにいるラオディキアの教会です。「アーメンである方、確かで真実な証人」と名乗るお方は、文字どおり真実な証人としてラオディキアの教会の一部始終に目を注いでおられます。手紙の受取人である当人たちは、こうした主の名乗りを聞いて、どう思ったでしょうか。私たちもまた然《しか》り、とうなずいていたかもしれません。

　ところが、その歩みは主の目にかなわないものでした。主のみことばにアーメンと立つべきですが、そうはできていなかったのです。そんなラオディキアが相手と思うと、確かで真実な証人として、教会に臨むいつもと変わらない主のお姿に、主ご自身の真実さがひときわ目立ってきます。もちろん、イエス様のこのお姿は当てつけなどではないでしょう。ラオディキアの教会の不確かさ、不真実さ、アーメンとはいかない歩みを恥じ入らせようとして、このように名乗られたのではないでしょう。それだけに、この教会に向けて「真実な証人」と名乗ってくださることがありがたく思われます。こんな具合のラオディキアであるにもかかわらず、主は他の群れに対してと少しも変わらない忠実さを示し、真実を尽くしてくださいます。この群れに対しても、まことの羊飼い、良き羊飼いとして臨んでおられます。

さらに、このお方は「神による創造の源である方」とも名乗られます。すべての源であるお方です。この全宇宙の根源であるお方が証人として、ラオディキアの教会の前に歩み出されます。相手がラオディキアであるのに、これに向けて「創造の源である方」とまで名乗られたのです。相手はいいかげんであるのに、こちらは実に真剣です。おかしいくらいの不釣り合いが見られます。それこそ「主は羽織袴の出《い》で立ち、相手はステテコ姿のラオディキア」と言われるほどに、実にちぐはぐで、滑稽とも見える取り合わせです。しかし、これが主の真剣さでした。相手がどうだからといって、取り扱いが変わるというものではありません。いや、ラオディキアの教会がこんなであるからこそ、この出で立ち、この名乗りなのだと思えてきます。
「アーメンである方、確かで真実な証人、神による創造の源である方がこう言われる」となれば、その告げられる主のことばに対して、同様の真剣さと厳粛さをもって聞く耳を用意すべきですが、さて、ラオディキアの教会はどうでしょうか。

「冷たくもなく、熱くもない」

一五節に「わたしはあなたの行いを知っている。あなたは冷たくもなく、熱くもない。むしろ、冷たいか熱いかであってほしい」と、真っ先に告げられるラオディキアの教会です。特に何の前置きもなく、「冷たくも熱くもない、どっちかであってほしい」とは、実に率直な響きのことばです。けれどもこう聞いて、はたしてどれほどピンときたでしょうか。自分が生ぬるいとか、熱いか冷たいかということなど、考えてみたこともなかったのではないでしょうか。こう面と向かって言われるまで、自分の姿に気づいていないのです。
しかし、この生ぬるさこそ、確かで真実な証人が見て取ったラオディキアの教会の現状でした。それで、一六節の警告となります。「あなたは生ぬるく、熱くも冷たくもないので、わたしは口からあなたを吐き出す」と主は告げられます。「吐き出す」ということばを聞いたら、本当にぞっとすることでしょう。でも、そのことばがじかにラオディキアの教会に向けて語られたのでした。

「冷たいか熱いかであってほしい」と願うのは、生ぬるさが不快感を生じさせるからです。その耐えきれなさを、「口から吐き出す」とのことばが表しているのです。ある注解者はこれをこう読みました。「あなたがたはヒエラポリスのように熱い温泉ではなく、近くのコロサイの水のように澄んで冷たくもない。中途半端で全く使いものにならない。役立たずである」と。

手前に中央アゴラ（112mX60m）。
奥に中央浴場（熱浴室、微温浴室、冷浴室あり）

けれども、問題はちょっと違うように思います。むしろ、無自覚、無意識が問題なのです。どっちかであれというのではなくて、熱いか冷たいかのほうがましだというのです。これを信仰に当てはめたら、熱いほうが断然良いとなります。けれども、生ぬるいよりはむしろ冷えきっていたほうがましだとはどういうことでしょう。中途半端な信仰よりも冷えきった全くの不信仰のほうが良いと言われているかのように聞こえます。不信仰のほうが良いとは、まったくきついことばです。しかし、そうかもしれません。いや、そうなのでしょう。大使徒となったパウロの若きサウロ時代の徹底した姿を見ると、そう思えてきます。中途半端なイスカリオテのユダとは違います。冷たさ、無関心のほうが第一に正直です。偽りがありません。隠し立てても、見せかけもありません。自分でそんな自分の姿に気づいているでしょう。ところが、信じているのか信じていないのかわからない。表向きは主の弟子でも、実に煮え切らないとなると、大変です。中途半端が一番やっかいなのでしょう。

「わたしは口からあなたを吐き出す」

自己満足のラオディキアの教会でした。立派な信仰者だと自分では思っていますが、霊的ないのちが失われかけていました。それゆえ、自分でも生ぬるさがわからない危険な状態に陥っていました。主は「わたしは口から吐き出す」と言われます。そんなラオディキアのたましいも熱ければ熱いで良しとなり、冷たければまたそれで良しとなります。回復への望みがあります。熱心な求道へと繋がります。しかし、実際のラオディキアの教会はそのどちらでもありませんでした。たましいがこの状態であると一番不安です。

そのようなかで、主は「わたしは口からあなたを吐き出す」とおっしゃるだけです。

まだ口の中にいます。後の一九節で「悔い改めなさい」と命じておられますから、吐き出してしまってはいないのです。「わたしは口からあなたを吐き出す」とは主よりの警告です。じっと我慢して口に含んだまま、このままだと吐き出してしまうよ、と警告を発しておられるのです。自分たちが霊的にいかに危険な状態にあるかを悟らせようとの主のおことばです。主のあわれみと忍耐と、いつくしみと御愛を、このことばの中に感じ取れます。いいかげんなラオディキアの教会に対して、主のこの我慢のなさりようは、もったいないほどです。

けれども、もったいないなどと言ってしまって、ハッと思います。主がこうしたお方だから、今の私がいるのです。主がここまで我慢強いお方だから、ここに、このようにして一人の信仰者として主の群れの中に置かれているのです。主がここまで耐えてくださるお方だから、私は支えられているのです。そうつくづく思います。主からの新しいいのちにあずかった者です。このいのちの香りを豊かに放つべく、恵みの中に置かれている者たちです。そうはいかずに、主が我慢しつつ、こんな取り扱いをしてくださっていると知ったなら、生ぬるさは本当に警戒すべきです。

「むしろ、どちらかでありなさい」と主は言われます。もちろん、冷たさでなくて、この主の私たちへの熱い思いに私たちも熱せられ、熱くされたいと思います。熱きものへと変えてください、そんな新しい思いをかき立てられたい。主がこんなに真剣に、こんなに優しく、これほど忍耐深く私たちの歩みに関わってくださっていると知ったなら、私たちも主のお取り扱いに対していいかげんであってはならないでしょう。真剣さに対しては、真剣に応えていかなければいけないと思います。

主の告げられた「わたしは口からあなたを吐き出す」とのことばを耳にして、ラオディキアの教会がハッとすれば良いのですが、あるいは頭を抱え込むほどにまずかったと気がつけば良いのですが、はたしてどうだったでしょうか。

ラオディキアの教会の状況は、周りの六つの教会よりもはるかに良いものでした。この教会には、異端問題もありません。迫害による苦難、苦しみの噂も聞かれません。周りの異教的世界、偶像との戦いも見られません。道徳的に堕落しきっていると指摘されているわけでもありません。偽教師に悩まされているというのでもありません。こう見ると、ごく普通のよく整った教会の姿が見えてきます。落ち着いて熱狂的でもなく、穏やかで上品に教会生活が送られています。問題はただ生ぬるさだけです。けれども、それは実に深刻な状況が伴ってのことでした。

「実はみじめで、哀れで、貧しくて、盲目で、裸である」

一七節に、「あなたは、自分は富んでいる、豊かになった、足りないものは何もないと言っているが、実はみじめで、哀れで、貧しくて、盲目で、裸であることが分かっていない」と言われています。これが現状です。確かにラオディキアの町の人々は豊かでした。町は主要街道沿いにあり、北西はペルガモンへ、東はアンテオケを経てタルソへ、西はエペソへ、南東はアタリアへ、と交通の要所に位置していました。毛織物、薬、そして銀行業でも豊かな富を築き上げ、繁栄を味わっていました。

ラオディキアの水道管（8キロメートルほど南の泉から水を引いている）

そんな彼らが、「自分は富んでいる、豊かになった、足りないものは何もない」と自負しています。これは何を指してのことでしょう。この世の富の話であれば、嘘ではありません。ところが主は、これを否定し、違うと言われます。そう、信仰のことなのです。ラオディキアの教会が誇り顔に「自分は富んでいる、豊かになった、足りないものは何もない」と言っていたのは、霊的なことについてでした。信仰はこれで十分、主の命じる道を私たちは忠実に歩んでおり、一〇〇%合格の教会である。彼らは何の不安もなく、そう思っていたのでしょう。ところが本当は合格どころか、「吐き出す」とまで言われてしまいます。この自覚の違いが大問題なのです。自分の状態に気づいていないだけでなく、もうこれ以上はないというほどの自己満足に陥っていたのです。

どうしてこうなってしまったのでしょうか。彼らのこの世的な豊かさがそうさせたのでしょうか。確かにこの世の富についていえば、すでに満ち足りています。そうした感覚が、いつしか教会生活そのものへと移っていったのかもしれません。自分の姿を見失ったラオディキアの教会の人たちは、自分たちが霊的に豊かであり、道徳的にも健全で、これ以上何も必要がないと思っていました。けれども、その考えそのものが罠なのです。

私たちは、これで良いと考えたときほど、危険な状態に陥っているということに気づかないでいます。自分がもう十分だと思えるのは霊的に幼いからです。自分の真の霊的な状態を見定めることができないほどに未熟なのです。それが問題だったのです。

スミルナの教会はこの世的には貧しく、苦しみの中に置かれていました。でも、内面的、霊的には豊かに富んだ教会でした。ラオディキアはその逆をいっていました。この世の富、財産においては豊かで、霊的にもと本人たちは考えていました。ところが、「実はみじめで、哀れで、貧しくて、盲目で、裸」の状況だったのです。

教会が成長の途上にあるときには、自らの姿を知っているものです。未熟さをわきまえています。目指すべきキリストの身丈、お姿が高く見え、自分の欠け、汚れを自覚しているものです。けれども、いいかげんなところで立ち止まっているから、自分の霊的な状態に満足して、これで良いと思ってしまうのです。目指すべきキリストのお姿、その高さが見えておらず、主の背丈が自分と同じくらいであると見ていたとしたら、何ということでしょう。その現状は「吐き出される」ほどのものです。主の目にはそう映っているのです。高慢、おごり高ぶりがそこにあるからです。自信に満ちているからです。教会が、自分たちはこれで良いと思ったときに、自らを見失っていると言えるのです。

ラオディキアの教会には、「実はみじめで、哀れで、貧しくて、盲目で、裸であることが分かっていない」ということばが必要でした。「自分たちの教会は主の教会です。ご覧なさい」と胸を張っていますが、主の目に実際に映る姿とは大違いのものでした。霊的に豊かどころか、まさに破産状態でした。霊的な豊かさなど全く見られませんでした。裸の王様です。

だからこそ、今その群れに主はこうして一通の手紙を書き送ってくださっているのです。この不快極まりないラオディキアの教会から顔を背けないのです。この厭《いと》うべき群れに心をかけ、こうして書をしたためて、その誤りに、一大錯覚に気づかせようとしておられるのでした。自分の本当の姿を突きつけられて、我に返って主に立ち返ることを促しておられるのです。

主はご自身を「真実な証人」と名乗られました。その目はこの教会の実態を見抜いていました。ただ見抜いただけでなく、お約束どおり真実にご自分の群れとして、これをお取り扱いになるのでした。ラオディキアの教会、ここまで落ちたら、あれはもうわたしのからだである教会にふさわしくない、と見切りをつけられても、仕方がなさそうです。顔を背けられ、吐き出されても、仕方なさそうです。でも、その忌まわしさに顔を背けることは決してありませんでした。この群れを真実な証人としてしっかりとご覧になっています。しかも自分たちの姿に「気づけ」と教え諭してくださっています。主はここまで配慮してくださるのです。

そうなのです。ラオディキアの教会も主の群れ、主のからだの一部分でした。主は、ご自分のからだの一部分であるラオディキアの教会をいとおしんでおられます。なお、主の教会だからです。からだの一部だからです。

足の指がひょう疽《そ》に侵されたとして、簡単に切って捨てられますか。主はその部分の異常をいち早く察知し、その痛みを感じ取られます。ラオディキアの教会の不甲斐なさ、足もとはもう崩れゆくほどなのに、この群れを、主はなおも堅固な岩の上に立て直そうとしてくださいます。大切にしておられます。主のお取り扱いの真剣さは、この教会がご自分のからだだからです。主は、ご自分が贖い取り、そのからだの一部とした教会を途中で見捨てたりはなさいません。その回復を願い、健全になることを願っておられます。その同じ思いが、主のからだである私たち一人ひとりにも向けられていることを思うと、嬉しくなります。

この群れの病んでいる状態を、「実はみじめで、哀れで、貧しくて、盲目で、裸であることが分かっていない」とはっきりと指摘されるのも、癒すためでした。そうした主の具体的なお取り扱いを、一八節以降で見てゆくことになります。

「火で精錬された金、白い衣、目薬を買いなさい」

「わたしはあなたに忠告する。豊かな者となるために、火で精錬された金をわたしから買い、あなたの裸の恥をあらわにしないために着る白い衣を買い、目が見えるようになるために目に塗る目薬を買いなさい」と、一八節にあります。主は、あなたがたは「実はみじめで、哀れで、貧しくて、盲目で、裸である」と冷酷に現実の姿を突きつけて、ただ絶望の中に、あるいは落胆の中に突き落とすような方ではありませんでした。ここにも、

「わたしはあなたに忠告する」とあります。「確かで真実な証人」であるキリストの目にさらされ、見抜かれて、あられもないさまを見せているのに、自分たちはそんなことに少しも気づいていないラオディキアの教会でした。主だけがそれをご存じでした。いや、知っているだけでなく、それを教え、しかも忠告するとも言われます。

吐き出すほどのこのラオディキアの教会の姿に一番心を痛めていたのは、このお方でした。その現実の姿に気づかせようとされたのは、主自らが身を低くし、彼らの助け手になろうと願っておられてのことでした。ラオディキアがこのままではどんな運命をたどるかを知っておられるお方の、真剣なアドバイスをここに聞きます。

わかりやすいようにと、彼らになじみの商人《あきんど》の感覚に合わせて語ってくださいます。商人《あきんど》の売り買いの話にのせて、「豊かな者となるために、火で精錬された金《きん》をわたしから買い、あなたの裸の恥をあらわにしないために着る白い衣を買い、目が見えるようになるために目に塗る目薬を買いなさい」と言われるのです。これを聞いて、厳しい皮肉だと言う者もいます。豊かさを誇るラオディキアで「金《きん》を買え」と言い、毛織物を誇る町の住民に「白い衣を買え」と告げ、薬科大学を持ち、目薬では特に有名な町で、その町のキリスト者に向かって「わたしから目薬を買え」と命じるとは、確かに皮肉いっぱいに聞こえます。けれども、主はこの場で、この状況で、皮肉をおっしゃるでしょうか。確かに、吐き

ラオディキアの大劇場と
パムッカレ（綿花城）を遠方に望む

出すほどの不快なラオディキアです。だからといって、皮肉で仕返しをなさるお方でしょうか。いや、こうもはっきりと「金《きん》を、衣を、目薬を」と言われたのは、むしろ彼らが慣れ親しんでいる品物を用いて、最も大切なものに目を向けさせようとしてのことではなかったでしょうか。

金《きん》に目の利く人たちに、「火で精錬された金をわたしから買いなさい」と言われます。これは皮肉ではなくて、わからせるためです。乏しいものは何もないと言いきっている彼らに、「純粋な混じり気のない金を買いなさい」と語られます。純粋な金を豊かさのシンボルと見ると、「霊的な豊かさを求めなさい」ということになるでしょう。「霊的な、信仰的な豊かさをあなたがたは得ていないから、わたしのもとへそれを求めに来なさい」と読み取れます。

「白い衣」は、きよさのシンボルでした。

「心のきよさをわたしから買いなさい」と言っておられることになります。

目薬も同様に、その効用をよくわきまえている者たちに、主は「わたしから目薬を買いなさい」と語られます。見るべきものが見えておらず、霊的な現実が見えていない者たちに「目薬を買いなさい」とのおことばは、「主の御教え、みことばを求めなさい」と読むことができましょう。

主のもとには必要なものはすべて揃っています。それらを主は「わたしから買いなさい」と言われます。ほかのどこかにではなく、「わたしから」と言われます。そうです。主のもとに行きさえすれば、彼らの問題は解決されるのでした。

しかも、ここでは「買いなさい」とおっしゃいます。買うときにどうしますか。手の中のお金と品物を見比べ、その価値があるかないかを判断します。価値があると思えば、買う決断をします。手に入れるかどうかは、自分で決めます。ほかの人に任せられないことです。しかも、貴重なものを買うとなれば、商人《あきんど》根性丸出しで取り組むべきこともあったでしょう。買ったら自分のものとなります。

相手が商人の町ラオディキアだったので、主はこのような言い方をされたのでしょう。ただ待っていて、もらえるのを期待するのではなくて、良いものを見極めて、求めて、買いなさい、と。真剣な取り組みを期待してのことでした。

それでは、何を代価に買い取るのでしょう。主にお支払いするものは何でしょうか。これらすべて、救いの恵みは無償でいただけたはずでした。けれども、主は彼らに「買いなさい」と代金を求めておられます。彼らには支払うべきものがあったのです。

「だから熱心になって悔い改めなさい」

一九節で「だから熱心になって悔い改めなさい」と主は語られます。彼らに求められていた代金、差し出すべき代金は、これだったのです。「熱心」、「悔い改め」、これが必要でした。本当の豊かさ、白い衣、見える目、これらを得る方法がここに示されています。主は、それを買いなさい、自分のものとする努力をしなさい、と言われたのです。「熱心な商人《あきんど》根性を発揮して、本当に尊いもの、必要なものを手に入れるために奮闘しなさい」と。そして、それを悔い改めというかたちで求められたのです。

主は、生ぬるさから抜け出すことを求めておられます。だから「熱心になって」なのです。生ぬるさから自らを切り離す「悔い改め」が必要でした。主にあるものを求めて、真っ直ぐに主のほうに向かって進みゆくこと、ラオディキアの教会に求められていたのはこれでした。

「愛する者」

彼らはまだ、主の口から吐き出されてはいませんでした。それどころか、主は尊い忠告を与えて、進むべき道を教え導いてくださっています。大切なご自分のいのちをかけて、贖い取ったご自分の羊たちです。これほど丁寧に解決の道、回復の道を示してくださったのは、ご自分の群れだからです。一九節で「わたしは愛する者をみな、叱ったり懲らしめたりする」とおっしゃるとおり、彼らは主の御愛の中にいたのです。ラオディキアの教会を叱ったり懲らしめたりする主の厳しさは、これを愛するがゆえでした。その腕に彼らは、なおしっかりと抱きとめられていました。

「わたしは口からあなたを吐き出す」ということばも真実です。不快をもよおし、一瞬たりとも我慢できないようなラオディキアの教会でした。けれども、愛するからこそ、厳しくあたる、懲らしめるのだ、と主は言われます。七つの教会の中で、イエス様に一番不愉快な思いを味わわせていたのがラオディキアの教会です。それなのに、「愛する者を」と主はおっしゃいます。七つの教会の中で、主に「愛する者」と言われているのは、このラオディキアの教会だけです。あちこちで「愛するよ」と、このことばを連発せずに、主は最後のラオディキアの教会のために、この一言を取っておいてくださった、と考えてもよいでしょう。

主はこの群れを確かに大切にしてくださっています。愛しておられます。決して御顔を背けてはおられません。現実がどんなに哀れで、目が見えなくても、いや、だからこそ主は見守っていてくださいます。だからこそ叱責もなさいます。「裸である」という主の御声に恐れを覚える者たちに、「わたしは愛する者をみな、叱ったり懲らしめたりする」と主は優しく語られます。「吐き出す」は確かに厳しいことばです。「おまえの顔を見ると、吐き気をもよおす」と友だちに言われたら、心が深く傷つくでしょう。大ショックでしょう。イエス様からそう言われたらどうでしょうか。ラオディキアの教会が置かれている状況はそれほど厳しいものでした。その厳しい叱責の声は、愛するからである、と主はおっしゃるのでした。

主は、祭司エリのように子どもの堕落（Ⅰサムエル二章）を放っておく方ではありませんでした。その行き着く先をご存じのお方は、何としても祝福の道へ、いのちの道へと導こうとしておられる。その厳しさでした。だから「熱心になって悔い改めなさい」とおっしゃるのです。決して聞き流してはいけない主のおことばです。愛するゆえにこう語ってくださっているのですから、このままで良いと絶対に思ってはいけません。そんな考え違いをしてはなりません。自分がどういう状況にあるかを知らされて、このままであったなら、私をここまで愛していてくださっている主につらい思いをさせるという現実に気づくべきです。これほど心を砕いて、「あなたがたを愛するよ」と言ってくださっている主の思いを、主のアドバイス、導きのことばを踏みにじってはならないでしょう。「悔い改めなさい」と言われています。一刻の遅れもあってはなりません。主にこれ以上、一秒も不愉快な思いをさせ続けてはならないと思います。

商人《あきんど》のことばを用いて「買いなさい」と、真剣な取り組みを待ち望まれるキリスト、彼らがわかるように、「わたしのもとに必要なものを求めに来なさい」と、手を広げて待っていてくださるキリストです。そして、相手の背中を押すように、「愛しているよ」と、ことばを添えてくださるキリストです。主はここまで配慮をしつつ、ことばを重ねて語りかけてくださいます。これで動かなかったら人でなし。いや、でも、人間はそんなに甘くはないのでしょうか。これでも、まだ足りないとばかりに、主は今度はラオディキアの教会の一人ひとりの心に手を差し伸べようとしておられます。

「見よ、わたしは戸の外に立ってたたいている」

二〇節で、「見よ、わたしは戸の外に立ってたたいている。だれでも、わたしの声を聞いて戸を開けるなら、わたしはその人のところに入って彼とともに食事をし、彼もわたしとともに食事をする」と主は語られます。有名な絵になっている場面です。キリストの手にあるランプの光で照らし出された、がっしりとした石造りの家と入り口のドア。ホルマン・ハントが描くその絵には、ドアに取っ手が付いていません。内側からしか開きません。ちょうど心の扉のように。それで、「内側から開けて、キリストをお迎えしなさい」というたメッセージに繋がります。

ところがこの場面、相手はラオディキアの教会なのです。未信者の心の扉なら、キリストが外に立っていても納得できます。けれども、ラオディキアの教会なのです。信者の心の扉となれば、これは驚くべき光景となります。主がクリスチャンの心の扉を外に立って叩いておられるからです。ラオディキアの不快極まりない、「わたしは口からあなたを吐き出す」と言わせてしまった現状が、もう一つ別の光を当てられて示されます。

実はキリストを閉め出してしまった教会であったと、この光景が教えてくれるのです。彼らの「自分は富んでいる、豊かになった、足りないものは何もないと言っているが、実はみじめで、哀れで、貧しくて、盲目で、裸であることが分かっていない」というとんでもない思い違い。何でそうなってしまったのか、それがこの場面で明らかになるのです。キリストとの関係がどうであったかが示されているのです。よみがえりの主、いのちの主を閉め出していた教会、いのちの主を交わりの外に置き去りにしたままの教会、キリスト抜きの教会、それがラオディキアの教会の姿なのです。それでいて平気顔でした。「自分は富んでいる、豊かになった、足りないものは何もない」と言いきっていました。それがこともあろうに、恵みの主を外の暗闇に追い出したままなのです。

いま主は、ラオディキアの教会の一人ひとりのたましいの扉にこぶしを伸ばして、「見よ、わたしは戸の外に立ってたたいている」と言われます。それも一、二度とんとんと叩いて立ち去ってしまうのではなく、応えを待って、叩き続けておられます。開くまで、夜通しでも叩き続けられます。叩くとは、そんな叩き方です。「昔のような交わりに、戸を開けて迎え入れてください」と戸を叩き続けておられるのです。

主との関係がこんなかたちで描かれ示されたら、ラオディキアの教会は、これではいけないと気づいたでしょう。むしろ現状からして、ラオディキアの教会にふさわしいのは、両者の立ち位置を入れ替えた描き方でしょう。役柄としては、ラオディキアの教会のほうが外に立たされて、「入れてください。主よ、開けてください」と扉を叩き続けているのならわかります。そのほうがぴったりです。たとえ永久に扉が開かなくても、です。

それなのに、主が描いてみせてくださったのは、内側と外側が逆でした。キリストが暗闇の中、ラオディキアの教会がキリスト抜きで明るく暖かな家の中、これがラオディキアの教会の現実の姿だったのです。恐ろしいことに、キリストの教会がキリスト抜きで交わりを持ち、賛美をし、礼拝を守っています。賛美の歌声ならまだしも、世間話におしゃべりだけで、キリストの声が全く響いていないことにもなりそうです。

「だれでも、わたしの声を聞いて戸を開けるなら」と、主はおっしゃいます。「声を聞いて」とありますから、ただ黙って扉を叩いているのではなく、外で叫んでもおられるのです。「開けて入れてください。わたしだよ」と。見知らぬ者の声ではありません。だれですか。自分たちの救い主の声です。羊は、羊飼いの声を知っているとあるでしょう（ヨハネ一〇・四）。ラオディキアの教会は飼い主の声を忘れてしまったのでしょうか。長い間、飼い主の声に耳を貸さずに歩んできてしまったようです。

交わりの外に置かれ、ノックをし続けるキリスト。「開けて入れておくれ」と許可を求めておられるキリスト。何とも見るに耐えない光景です。

「わたしは彼とともに食事をし、彼もわたしとともに食事をする」

イエス様が続けて、「だれでも、わたしの声を聞いて戸を開けるなら、わたしはその人のところに入って彼とともに食事をし、彼もわたしとともに食事をする」とおっしゃいます。いや、「食事をする」と申し出ておられると言ったらいいでしょう。甚だもったいない、もったいなさ過ぎるおことばです。

生ぬるくて、自己満足に陥り、キリスト抜きで平気でいる教会が相手です。それなのに、主は「開けておくれ。入れておくれ」と頼み、彼らといっしょに食事をしようとおっしゃいます。扉が開いたら食事をいっしょにというより、反対に彼らを外に追い出してしまったら、さぞ清々すると思ったりします。けれども主は、彼らといっしょに食事をしようと言われます。さばくために扉を開けよというのではなく、交わりを求めておられたのでした。この教会との交わりの回復を主は願っておられたのです。「愛する者を」と言われたことばが真実であったと、ここでも気づきます。

「ともに食事をする」とは、落ち着いて、ゆっくりと楽しみながら食事をすることを表すことばのようです。「あなたがたとゆっくりと交わりを」と申し出て、扉を叩かれるキリストです。気の短い者にとっては我慢ならないような主のお姿、ご忍耐でしょう。扉をトントンとノックし続ける、そんなのんびりと優しいことなどをやめて、叩き壊してでも入ればよい、そう思いたくなります。さばかれ、懲らしめられ、外に追い出される、そんな光景がお似合いのラオディキアの教会でした。お似合いなどと言えるのは、私たちの、いやラオディキアの教会を思う私の心が小さく、狭くて、愛がないからなのでしょうか。

主は戸を叩き続けられます。脅すのでなくて、「入れてください」と呼びかけ続けておられます。外にいるのが彼らの主人です。外にいるのは、いのちをかけて滅びの中から自分たちを救い出してくださった方でした。そのお方が外で、しもべたちが家の中なのです。

この二〇節が教会で読まれたとき、ラオディキアの人々はどんな思いで聞いたでしょうか。自分たちが、救い主であるお方に対してどれほどあってはならない状態であったかということを、はたして理解したでしょうか。そして、イエス様の優しさが伝わっていたでしょうか。フライという注解者がこう言っています。「主はなお私たちの良心に訴え、私たちの『はい』という返事を待ち、自らの力を抛棄し、抑制し、戸を叩いていたもうのである。家の主人でありたもうのに、主ははいる権利のない客か、帰る故郷のない亡命者のように懇願したもう」と（ヘルムート・フライ『すべてのものの終わり』九三頁）。

ただお願いするだけです。このお方はだれでしたか。すべて造られたものの根源である方です。この大宇宙の造り主である方です。私たちの造り主です。すべてのものを支配しておられる方です。そのお方が、力も栄光も全くないかのように、まるで扉一つ開ける力がないかのように、ただ相手が気づくまで戸を叩き続けておられます。乱暴に私たちの心に押し入っては来ないのです。生ぬるく悪臭を放つようなラオディキアの教会を見捨てずに、その心の扉を叩き続けてくださっているというのは、私たち一人ひとりの心に対する主のご配慮です。無理強いはなさいません。私たちの思いが主に向くまで待っていてくださるのです。私たちの気持ちや心をねじ伏せてまで、ご自分のほうに向かわせようとはなさらないのです。

主の優しさが私たちをもこのように取り扱ってくださっています。そんな主のご配慮の豊かさに気づかされます。主の訪れに気づいて、「主よ、立ち去ってください。私はそんなお取り扱いにふさわしい者ではありません」と叫びそうになります。けれども、主の御愛に応えるには、急いで扉を開けてお迎えすることです。このお方を外に立たせ続けてはなりません。これだけ私たちの心や思いを大事に扱って待っていてくださるのですから。「主よ。ごめんなさい」と、内側から扉を開けてこの方を迎え入れるとき、昔のような交わりにすぐ戻るのです。そればかりか、主との交わりこそ、生ぬるさからの解放の道でもありました。

主は、よみがえられた日の夕刻、エマオの村へ歩みを進める二人の弟子にお会いになりました。そのときのことを思い起こして二人の弟子は、「道々お話しくださる間、私たちに聖書を説き明かしてくださる間、私たちの心は内で燃えていたではないか」（ルカ二四・三二）と語ります。失意、落胆の中にあった二人の弟子は、主とともに過ごす交わりの時を通して、心が内に燃えるとの経験をしました。主との交わりの中でこそ脱却できる生ぬるさですし、生き生きとした喜びが回復するのです。

しかし、私たちの心が主のほうに向くまで待っていてくださる主の愛は、静かなものです。じっと忍耐深く私たちを愛してくださっています。主を外に立たせたまま、おしゃべりに心を奪われているときでも、主の愛は変わりなく私たちに向けられています。そんなつらい思いを主にさせ続けてよいわけがありません。「どうぞ」と扉を開ければよいのです。私たちの側で主に心を向ければよいのです。豊かな交わりがいつでも待っているのでしょう。「愛する」とおっしゃったその愛の真剣な豊かさに、そのとき私たちは本当に気づくでしょう。主に愛されている、その私たちが主を愛するのは、この扉を開けた瞬間に始まるのです。

このような愛の主のお姿に加えて、ラオディキアの教会が愛されているとさらに気づかされるのが二一節です。

「わたしとともにわたしの座に着かせる」

「勝利を得る者を、わたしとともにわたしの座に着かせる」と主はおっしゃいます。「わたしの座」にあなたがたを着かせると言われるのです。相手は言うまでもなく、ラオディキアの教会です。七つの教会の中で並び順で最後でしたが、最後なのは、神の御国を目指しての歩みもでした。それも、迫害されていたからでも、偽教師に惑わされていたからでもありませんでした。ただ単に生ぬるさの中に落ち込んでいたのです。それが、キリストを追い出してでした。「吐き出す」と言われるほどに、恐ろしい状況に陥っていたのです。

けれども、そんな彼らに対する約束が「わたしの座に着かせる」なのです。隣に座るということですから、最高の栄誉でしょう。七つの教会の中で最も地に落ちた教会で、良いことなど何一つ見つからなかった教会でしたが、このお約束なのです。イエス様の評価書、昔流にいえば通信簿に丸が一つも付いていない教会でした。これまでの六つの教会は、どんなにひどくても、イエス様が良いところを必ず見つけて、励ましとしてくださいました。

一番目の、愛が冷えて怒られているエペソの教会には、二章三節で「あなたはよく忍耐して、わたしの名のために耐え忍び、疲れ果てなかった」と、忍耐を認めてくださっていました。二番目のスミルナの教会も、二章九節で「わたしは、あなたの苦難と貧しさを知っている。だが、あなたは富んでいるのだ」と、霊的、信仰的な豊かさが認められていました。三番目の、迫害の中のペルガモンの教会も、四番目のティアティラの教会も、五番目のサルディスの教会も、そしてもちろん、六番目のフィラデルフィアも、良いところをイエス様は認めてくださいました。

ところが、ラオディキアの教会には何もありません。目につくのは生ぬるさです。あとは、自己満足にうぬぼれでした。自分は富んでいる、豊かになった、足りないものは何もない、と誇らしげに安心していましたが、それはイエス様を外に追い出してのことでした。こう見れば、この教会に何か信仰的な面で良いところが見つかるほうがおかしいのです。

霊的な良い面を期待するほうが間違いでしょう。いのちの主がそこにいないのですから。主との交わりがないのですから。

その群れに対して「わたしの座に着かせる」と主は言われます。明らかに釣り合いません。不当な取り扱いです。彼らが神の御国にたどり着くとして、末席がふさわしいと言われても仕方ないでしょう。けれども、このラオディキアを主は愛すると言われます。そのことばだけでももったいないのに、最高の誉れといえるイエスの座が「どうぞごいっしょに」と差し出されるのです。

キリストの十字架は人々の目には敗北と見えましたが、栄光への道でした。ラオディキアの教会が招かれている歩みも同じです。ですから、「たとえ苦難や迫害や貧しさの中を歩むことになっても、御国の王座はあなたがたのものです。ここまで来なさい」と主は招いてくださっているのです。御国での王座に、ラオディキアの人々がイエス様とともに、そこに座ります。この約束を描いて七つ目の手紙は終わります。

戦いを知らないラオディキアの教会でした。内なる戦いも外なる戦いも知らなかったラオディキアの教会ですが、主の戦いに招かれています。それも勝利の約束付きでです。確かにキリストは勝利されました。わたしが勝利を得て、わたしの父の御座に着いたのと同じである、とおっしゃいます。戦って、わたしと同じ勝利の道を迷わず、ためらわず、歩んで来なさい、と招いてくださっているのでした。

「耳のある者は、御霊が諸教会に告げることを聞きなさい」

ラオディキアの教会に向けて主は、「耳のある者は、御霊が諸教会に告げることを聞きなさい」と言われます。この手紙の一言一言がどんな響きをもって彼らに届いていたでしょうか。ホルマン・ハントの描くキリストの、扉をノックする御手には十字架の傷跡が描かれていたでしょうか。今、私たちはそれを心に思い描くことができます。扉をノックする御手には、主の十字架の傷跡があるはずです。そこまで愛してくださった主なのです。いのちをかけた主の御愛でした。この主の御愛を考えれば、「あなたがたをわたしの座に着かせる」とおっしゃることもあり得るのだと、改めて思わされます。

イエス様を追い出したラオディキアの教会を、主はお見捨てになりませんでした。怒ることをなさいませんでした。愛の交わりの中へと招いてくださる私たちの羊飼いのお姿をそこに見ることができます。

このお方に今日も愛されています。私たちが全く忘れているときも、心から追い出しているときも、主は私たち一人ひとりの傍らにおられます。いや、心の真ん前におられます。交わりを求めて、「入れておくれ」と語り、私たちとともに歩むことを願っておられます。

もう一度、心を探ってみて、私たちもこの主との交わりを大切にしたいと思います。朝起きても、一日終えて床に就くときも、日中のあれやこれやと歩んでいるときも、主が求めておられる交わりを、それこそ豊かに味わわせていただきたいと願うものです。

あとがき

「神のことばとイエスの証しのゆえに」（一・九）。このことばを標語とする神学校に学ぶ機会を得て、奉仕神学生として通った杉並教会での水曜祈禱会で小畑進先生の黙示録一節説教を通して、救い主にして教会の牧者なるキリスト・イエスに出会うという経験が、ヨハネの黙示録に取り組む端緒となりました。その当時、一節一節の講解が待ち遠しく、「主は羽織袴の出で立ち、相手はステテコ姿のラオディキア」といった言い回しとともに、しっかりと心に焼きついたのでした。

そのような主のお姿が嬉しく、自分でもその感動を分かち合いたいとの思いから、後になって見様見真似で教会での黙示録の一節ごとの講解を手がけました。それらをまとめて「ラオディキア教会へのメッセージ」という形で日本長老教会の夏期修養会でお話ししたのがきっかけとなり、他の六つの教会についてもお話をすることになったのが二〇〇二年でした。当時の日本長老教会東京中会教育委員会が企画してくださって、写真、地図、解説を加えた『黙示録の七つの教会へのメッセージ』が出版されたのが二〇〇五年でした。
今回、いのちのことば社による『黙示録の七つの教会への手紙』の出版に際して、読みやすいようにとことばづかいを整えておいた前著の原稿を使用することにしました。なお、十数年前のものは『新改訳第三版』のテキストを使用していましたから、『新改訳2017』に入れ替えました。出版に至る労を取ってくださった長沢俊夫氏の丁寧かつ適切なお仕事に感謝申し上げます。

小アジアの七つの町の写真は、『黙示録の七つの教会へのメッセージ』で使ったものと、その後のトルコ訪問の機会に撮影したものから、数点を選んで用いました。ただし、ラオディキアの遺跡に関する写真は遺跡発掘初期に撮ったものです（二〇〇四年の訪問時）。近隣のパムッカレ大学が発掘調査を二〇〇二年より続けており、同大学のホームページで、発掘物や遺跡の発掘・復元の様子を見ることができます。現在、遺跡には案内板が設置されており、七つの教会の町の中では、エペソ、ペルガモンとともに必見となりましょう。

七つの教会の姿のどこかに自分自身が重なり、それを取り扱われる牧者なるキリストの御声を聞き、指し示された天の御国での約束をも、かつての聖徒たちとともにいただける幸いを、主のみもとへの歩みの確かさを覚えることができますようにと祈ります。その日を待ちつつ、「マラナタ！」

二〇二〇年四月

柴田敏彦

＊聖書 新改訳 2017©2017 新日本聖書刊行会

黙示録の７つの教会への手紙

2020年4月25日 発行

著　者　柴田敏彦

印刷製本　日本ハイコム株式会社

発　行　いのちのことば社

〒164-0001 東京都中野区中野2-1-5
電話 03-5341-6922（編集）
03-5341-6920（営業）
FAX03-5341-6921
e-mail:support@wlpm.or.jp
http://www.wlpm.or.jp/

ISBN 978-4-264-04152-8